2015
评价浙江发展

THE APPRAISAL OF ZHEJIANG DEVELOPMENT

李学忠 主编

浙江工商大学出版社
ZHEJIANG GONGSHANG UNIVERSITY PRESS

图书在版编目(CIP)数据

2015评价浙江发展 / 李学忠主编. —杭州：浙江工商大学出版社，2015.7

ISBN 978-7-5178-1106-0

Ⅰ. ①2… Ⅱ. ①李… Ⅲ. ①区域经济发展—研究—浙江省②社会发展—研究—浙江省 Ⅳ. ①F127.55

中国版本图书馆CIP数据核字(2015)第116421号

2015评价浙江发展

李学忠 主编

责任编辑	刘 韵
封面设计	流 云
责任校对	凌吉卫
责任印制	包建辉
出版发行	浙江工商大学出版社 (杭州市教工路198号 邮政编码310012) (E-mail:zjgsupress@163.com) (网址:http://www.zjgsupress.com) 电话:0571-88904980,88831806(传真)
排 版	杭州朝曦图文设计有限公司
印 刷	浙江新华数码印务有限公司
开 本	880mm×1230mm 1/32
印 张	5.5
字 数	148千
版 印 次	2015年7月第1版 2015年7月第1次印刷
书 号	ISBN 978-7-5178-1106-0
定 价	22.00元

浙江工商大学出版社营销部邮购电话 0571-88904970

编辑委员会

目　　录

第一章　浙江省全面建成小康社会进程统计监测评价

党的十六大提出了全面建设小康社会的宏伟目标，要在21世纪头20年，集中力量，全面建设惠及十几亿人口的更高水平的小康社会，使经济更加发展，民主更加健全，科教更加进步，文化更加繁荣，社会更加和谐，人民生活更加殷实，全国各地开始了全面建设小康社会的新征程。党的十七大对实现全面建设小康社会宏伟目标做出全面部署，提出增强发展协调性、扩大社会主义民主、加强文化建设、加快发展社会事业、建设生态文明的高要求。2012年11月召开的党的十八大，根据我国经济社会发展实际和新的阶段性特征，在党的十六大、十七大确立的全面建设小康社会目标的基础上，对全面小康社会提出了新的目标要求，即经济持续健康发展，人民民主不断扩大，文化软实力显著增强，人民生活水平全面提高，资源节约型、环境友好型社会建设取得重大进展，更具明确政策导向、更加针对发展难题、更好顺应人民意愿的新要求，以确保到2020年全面建成的小康社会，是发展改革成果真正惠及十几亿人口的小康社会，是经济、政治、文化、社会、生态文明全面发展的小康社会，是为实现社会主义现代化建设宏伟目标和中华民族伟大复兴奠定了坚实基础的小康社会。从“建设”到“建成”，一字之差，体现了我党对实现全面小康的坚定决心和坚定信念，充分说明了实现全面小康社会的可期性。

根据党的十六大报告中提出的：“有条件的地方可以发展得更快一些，在全面建设小康社会的基础上，率先基本实现现代化。”浙江省委、省政府在研究制订《浙江省国民经济和社会发展第十一个五年规划纲要》中提出，力争到2010年全省基本实现全面小康社会的目标，为提前基本实现社会主义现代化打下坚实基础。十多年来，浙江以“全面小康六大行动计划”为抓手，全面建设小康社会取得了显著成效，在经济建设、文化建设、社会建设以及生态文明建设等方面取得了新的进展，发展方式转变和转型升级积极推进，综合实力和可持续发展能力不断提升，人民生活和社会和谐稳定，全面建设小康社会取得了决定性胜利。2010年全省已基本实现全面小康社会的目标。省第十三次党代会报告宣布，浙江已基本实现了全面建设惠及全省人民小康社会的目标，为建设物质富裕、精神富有的社会主义现代化浙江打下了坚实基础。但是，我们也看到不平衡、不协调、不可持续等问题依然存在，从基本实现全面小康社会到全面建成小康社会还有一段艰巨的路要走。

一、小康社会统计监测指标体系的建立、完善和实施过程综述

自从邓小平提出“小康社会”这一新概念以来，尤其是党中央把建设小康社会作为战略目标之后，国内对小康的理论研究十分热烈，从各种论文书籍、学者名人谈话，到政策研究报告、统计评价监测，已发表了大量的文献。20世纪90年代初，国家统计局等部门联合制定了《全国小康生活水平基本标准》，用以评价和监测实现小康的进程。总体小康评价指标体系涵盖5大方面，包括经济发展水平、物质生活条件、人口素质、精神生活和生活环境，共计16个指标。根据这个标准测算，我省在1995年总体小康实现程度达到95％以上，即基本实现总体小康。1999年总体小康实现程度达到了100％，即完全实现总体小康的目标。到2000年，全国也基本实现了总体小康的目标。

党的十六大提出全面建设小康社会的目标后，有必要对原来的总体小康评价指标体系做修改和调整，以建立能够科学反映和

监测我国全面建设小康社会进程的统计指标体系。2003 年,省委政研室、省发改委、省统计局开始研究制定浙江省全面小康监测指标体系,该指标体系由经济发展、社会事业、人民生活、社会和谐和生态环境等 5 大方面 24 个指标构成,2004 年开始测算;2005 年 11 月召开的省委十一届九次全体(扩大)会议将《关于浙江全面建设小康社会进程评价的说明》列入全会参阅材料。根据 2007 年 6 月省十二次党代会提出的全面建设小康社会继续走在前列的奋斗目标和党的十七大提出的全面小康新要求,我们对浙江全面建设小康社会进程评价体系部分指标内涵和目标值做了重要修订。之后,国家统计局科研所对原来的总体小康评价指标体系做了修改和调整,建立了能够科学反映和监测我国全面建设小康社会进程的统计指标体系。2008 年 6 月,由国家统计局正式印发了《全面建设小康社会统计监测方案》(国统字〔2008〕77 号),组织各地统计部门分别对全国及各地 2000 年以来全面建设小康社会进程进行监测分析,并从 2008 年起连续编印全国和各地的监测报告。根据国家统计局统计科研所制定的《全面建设小康社会统计监测指标体系》测算,2006—2011 年,我省全面小康社会实现度分别为 82.3%、85.1%、88.0%、89.5%、91.0%和 92.6%,自 2010 年开始已连续 2 年达到 90%以上。根据《浙江省全面小康监测指标体系》,2006—2011 年,我省全面小康社会实现度分别为 86.9%、89.6%、91.7%、93.5%、95.2%和 96.9%,自 2008 年开始已连续 4 年达到 90%以上,表明全省已基本实现全面小康,但离 100%的全面建成还有一定的距离。在国家统计局科研所制定的 23 项监测指标中,我省已有 14 项指标 100%以上实现了全面小康目标;2 项指标实现程度在 90%—100%;3 项指标实现程度在 80%—90%;4 项指标实现程度在 70%—80%,分别是 R&D 经费支出占 GDP 比重、文化产业增加值占 GDP 比重、社会安全指数、居民文教娱乐服务支出占家庭消费支出比重。在我省监测的 24 项指标中已有 16 项指标 100%达到或超过全面小康目标,有 5 项指标全面小康实现度在 90%—99.9%之间,实现度在 90%以下的指标分别是平均受教育年限(87.2%)、社会保险覆盖率(85.1%)、每万人律师数(77.6%)等3项指标。根据省委十三届二次全会精神,省委政研室、省发改委、省统计局研究制订了《物质富裕精神富有现代化浙江评价指标体系测算方案(试行)》,从2012年开始测算试行,替代实施了8年的《浙江省全面小康监测指标体系》。

2013年,国家统计局按照党的十八大提出的全面建成小康社会新要求,对全面建设小康社会指标体系进行了修改和完善,形成了《全面建成小康社会统计监测指标体系》,由5大方面39个一级指标构成。按照党的十八大的新要求,指标体系由经济发展、民主法制、文化建设、人民生活和资源环境五个方面组成。经济发展是基础,不仅要实现经济水平逐步提高,更要注重发展方式的转变,走集约型发展道路。民主法制是保障,基本建成法治政府,提高司法公信力,进一步发挥人民积极性、主动性和创造性。文化建设是软实力,提高公民素质和社会文明程度,大力发展文化产业,形成新的支柱产业。人民生活是根本,一切以民为本,实现教育、医疗卫生等公共服务的均等化、实现社会保障的全覆盖,充分就业、缩小差距,实现共同富裕。资源环境是可持续发展,建立生态文明制度,形成人与自然和谐发展现代化建设新局面。39个指标中有正指标29个,逆指标6个,区间指标4个。在最早提出的"三步走"战略中,第三步走从2000年开始到21世纪中叶长达50年,而到2020年力争国内生产总值比2000年翻两番,综合国力和国际竞争力明显增强,这是全面建成小康社会、实现现代化建设第三步战略目标的承上启下阶段,因此,小康监测以2000年为起点,以2020年为终点,反映20年间小康建设变化情况。经济基础和人民生活部分是指标体系中相对重要的两个方面,涉及的指标个数较多,权重也较高,分别为22.0和26.5分,权重合计占整个指标体系的近50%。同时,考虑到全国31个省市区经济社会发展水平基础的不同,国家统计局设计了两套方案,第一套为全国31个省市区统一目标值,第二套为东、中、西部的部分目标值。设置有区别,各省市可根据自身需要选择不同的评价方案进行评价。正因为小康是一个相对概念，不同地域不同发展阶段有不一样的内涵和标准，因此，本监测指标体系测算的小康指数只反映小康建设的变化趋势，而非小康的实现程度。

二、浙江省全面建设小康社会监测评价结果分析

为了保证与以往监测评价的延续性以及各省市之间的可比性，我省采用第一套方案即统一目标值对2000—2012年浙江省全面建成小康社会进展情况进行测算。测算结果显示，浙江省全面建成小康社会总体水平逐年提升，2010年小康指数首次提升至90%以上，又经过2年的努力，2012年小康指数进一步提高至95.82%。

浙江省的全面小康建成进程总体走在全国前列，且从2002年以来，全面小康建成进程指数领先于全国指数的优势均保持在两位数。2000—2012年，浙江省全面建成小康社会进程测算结果显示，自2010年以来，小康指数逐年提升，从2000年的62.7%起步，三四年上一个台阶，2004年上升至71.3%，2007年提高到81.4%，2010年提升至90%以上，2012年进一步提高至95.8%，连续3年达到90%以上，近3年年均提高2.53个百分点，基本实现了全面小康目标。2012年小康指数距离100%全面实现目标还差4.2个百分点，剩余8年时间年均只需提高0.53个百分点。当然越到后期，剩下未实现的指标再提高难度就越大。但浙江仍有望提前率先实现建成全面小康社会的目标任务。

从2000年以来的12年各领域分指数变化趋势看，经济发展指数起点最低，但提高速度最快，年均提高4.17个百分点，已连续3年达到90%以上；人民生活指数几乎一直是五大方面中最高的一个（2012年被文化建设方面超越），连续5年在90%以上；文化建设和资源环境指数分别连续3年和5年达到90%以上；民主法制指数起点较高，但提高速度相对较慢，年均提高1.44个百分点。

表 1 2000—2012 年浙江小康指数(%)

年 份	2000	2001	2002	2003	2004	2005	2006	2007	2008	2009	2010	2011	2012
经济发展	46.60	48.70	51.30	53.74	56.95	61.40	66.11	72.30	78.92	84.75	92.03	95.10	96.69
民主法制	67.03	64.94	64.32	62.48	61.15	67.03	67.85	69.37	72.09	75.58	77.72	81.70	84.26
文化建设	59.28	60.63	67.54	71.22	78.25	80.98	82.16	83.49	87.31	88.21	94.13	95.67	98.11
人民生活	72.96	74.29	75.56	78.25	80.08	84.42	86.83	87.71	90.02	91.32	94.08	95.79	97.72
资源环境	67.06	67.85	69.92	72.83	75.99	79.65	84.37	87.88	91.92	94.58	90.64	95.49	96.81
小康指数	62.73	63.74	66.13	68.45	71.32	75.47	78.55	81.40	85.37	88.22	91.02	93.95	95.82

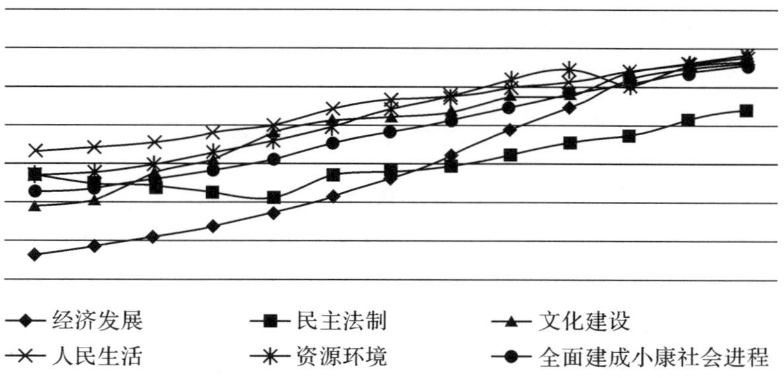

图 1　2000—2012 年浙江小康指数(%)

(一)经济平稳较快发展,发展质量和效率有所提高

2012 年,浙江省全面建成小康社会经济发展指数为 96.69%,比上年提高 1.59 个百分点,9 项指标中有 6 项指标评价值已达到 100%(详见附表,下同)。经济实力进一步提升,人均 GDP 达到 63374 元,比上年增长 7.7%,按 2000 年不变价计算为 59662 元,已超过全面小康目标值(57000 元,按 2000 年不变价计算)。若按照 2020 年比 2010 年翻番的目标测算,则剩下的 8 年需年均增长 7.2%,GDP 需年均增长 6.9%。产业结构和需求结构有所优化,第三产业增加值占 GDP 比重为 45.2%,比上年提高 1.3 个百分点,评价值为 96.2%;居民消费支出占 GDP 的比重为 36.05%,比上年略高 0.02 个百分点,评价值达到 100%。随着城市化进程的加快,城镇人口比重上升至 63.2%,比上年提高 0.9 个百分点,评价值连续 3 年达到 100%。经济发展后劲动力有所增强,R&D 经费支出占 GDP 比重达到 2.08%,比上年提高 0.18 个百分点,评价值为 83.4%;每万人发明专利拥有量为 6.49 件,比上年增加 1.78 件,增长 37.8%,评价值连续 2 年达到 100%;信息化程度提高,互联网普及率为 59.0%(根据国家工信部调查数据计算),比上年提高 3.1 个百分点;劳动生产效率虽然横向比较还是偏低,但在稳步提高,其中,农村劳动生产率为 3.16 万元/人,比上年提高 11.7%,

评价值连续3年达到100%；工业劳动生产率为10.1万元/人，比上年提高4.1%，评价值为83.9%。

（二）民主法制建设逐步完善，安全感保持在较高水平

2012年，浙江省全面建成小康社会民主法制指数为84.26%，比上年提高1.56个百分点，记分的3项指标中没有1项指标评价值达到100%。其中，基层村级民主参选率为94.9%（2011年数据），比2008年的94.3%提高0.6个百分点，评价值为99.9%；社会安全指数为64.2%，比上年提高0.4个百分点，评价值为64.2%；每万人拥有律师数为2.13人，比上年增加0.19人，评价值为92.7%。安全生产形势总体稳定。随着"平安浙江"建设的推进，安全生产事故防范创新体系建设试点积极开展，安全生产防控和保障能力全面提升。2012年，全省生产安全事故起数、死亡人数和直接经济损失继续保持"三下降"，比上年分别下降4.3%、5.3%和6.8%。群众对当前公共安全总体反映较好，对社会治安状况评价较高，全省群众安全感满意率为95.93%，连续7年满意率保持在九成以上。

（三）文化资源供给进一步增加，文化建设事业进一步发展

2012年，浙江省全面建成小康社会文化建设指数为98.11%，比上年提高2.44个百分点，5项指标中有4项指标评价值达到100%。其中，文化产业增加值占GDP比重为4.56%，比上年提高0.57个百分点，评价值为91.2%。城乡居民文化娱乐服务支出比重近年来基本保持稳定，2012年城乡居民文化娱乐服务支出占家庭消费支出比重为6.0%，评价值为100%。其中，城镇居民文化娱乐服务支出比重为7.15%，比上年下降0.11个百分点，农村居民文化娱乐服务支出比重为4.01%，比上年提高0.13个百分点。公共文化建设投入力度较大，文化服务供给持续加大，文化场馆设施免费开放，公共文化设施网络服务功效增强，涉及公共设

施的几项指标评价值均达到 100%。其中，人均公共文化财政支出为 172 元，比上年增长 10.4%；有线广播电视入户率为 83.9%，比上年提高 1.6 个百分点；每万人拥有“三馆一站”建筑面积 808.2 平方米，比上年增长 17.5%。

（四）人民生活水平逐年提高，生活质量进一步改善

2012 年，浙江省全面建成小康社会人民生活指数为 97.72%，比上年提高 1.93 个百分点，记分的 13 项指标中有 9 项指标评价值达到 100%。收入水平提高速度超过经济增长速度。城乡居民收入为 25247 元(2010 价)，评价值达到 100%；城镇居民人均可支配收入为 34550 元，农村居民人均纯收入为 14552 元，分别比上年实际增长 9.2%和 8.8%，均高于 8%的 GDP 增速，收入水平分别连续 12 年和 28 年居全国省区首位，按照 2020 年翻番目标，后 8 年城乡居民人均收入分别需年均实际增长 7.0%和 7.5%。城乡居民收入比为 2.37(以农村居民收入为 1)，与上年持平，自监测评价开始年份，评价值即达到 100%。就业情况较好，城镇登记失业率连续 4 年保持下降趋势，2012 年为 3.01%，自监测评价开始年份，评价值即达到 100%。居民生活质量不断提高，衣食住行均有所改善。预期寿命稳步提高，根据人口普查数据预计 2012 年平均预期寿命达到 78.5 岁，自 2006 年开始评价值已连续 7 年达到 100%；城乡居民恩格尔系数为 36.1%，评价值已连续 12 年达到 100%，其中，城镇居民为 35.1%，农村居民为 37.7%，分别比上年上升 0.5 和 0.1 个百分点，主要是食品价格上涨较多所致；城乡居民人均家庭住房面积达标率(城镇达到 33 平方米，农村达到 30 平方米的家庭比例)为 65.6%，自 2005 年开始评价值即达到 100%，其中城镇达标率为 53.9%，农村达标率为 85.8%；公共交通服务指数为 98.1，评价值为 98.1%，其中每万人拥有公共电(汽)车数为 13.7 标台，行政村客运班车通达率为 93.1%，分别比上年提高 0.1 标台和 0.7 个百分点。农村自来水普及率为 93.9%，卫生厕所普及率为 91.45%，分别比上年提高 1.2 和 1.34 个百分点，评价

值分别连续13年和9年达到100%。社会公共服务均等化程度有所提升,2012年平均受教育年限为9.10年,比上年提高0.08年,评价值为86.7%;每千人拥有执业医师数为2.71人,比上年增加0.11人,自2008年开始评价值已连续5年达到100%;基本社会保险覆盖率达到85.5%,比上年提高5.4个百分点,评价值接近90%;其中,养老保险覆盖率为76.3%,医疗保险覆盖率为94.6%,分别比上年提高6.3和3.2个百分点。

(五)资源利用效率有所提高,环境质量有所改善

2012年,浙江省全面建成小康社会资源环境指数为96.81%,比上年提高1.32个百分点。反映资源利用的3项记分指标评价值均达到100%,表明资源利用效率相对较好。其中,单位GDP能耗处于全国先进水平,2012年为0.55吨标准煤/万元(2010年不变价),比上年下降6.1%,评价值连续2年达到100%;单位GDP用水量为68.1立方米,比上年下降7.3%,自2007年开始评价值连续6年达到100%;单位GDP建设用地为32.2公顷(建设用地面积采用2008年调查数据),比上年下降7.4%,自2005年开始评价值连续8年达到100%。环境质量有所改善,环境质量指数为89.7,比上年提高1.5个点,评价值为89.7%,其中城市空气良好以上天数占全年天数的比例为94.2%,比上年提高1.1个百分点;221个地表水功能区断面全面水质达标的断面数比例为64.3%,比上年提高0.4个百分点;森林覆盖率为60.58%;城市建成区绿化覆盖率为39.86%,比上年提高1.47个百分点。减排工作有效推进,主要污染物排放强度指数为94.4,比上年提高5.1个点,评价值为94.4%;城市垃圾无害化处理率达到98.97%,除2003和2005年外,其余11年评价值均达到100%。

三、浙江省全面建成小康社会进程中亟须关注的问题

在看到全面小康建设取得的成绩的同时,也要充分认识到

全面建成小康社会任务的艰巨性。2012年，经济发展、文化建设、人民生活、资源环境4个方面指数都在95%以上，但民主法制方面落后于经济社会的发展，指数仅有84.3%，差距较大。39项监测指标中(不包括暂时未纳入计算的4项指标为35项)，已有23项指标评价值达到100%，即近六成指标对总指数的提升空间已为零；评价值在90%—99.9%之间的有5项，80%—89.9%之间的有6项；1项指标评价值在60%—70%之间，即社会安全指数。相对落后的方面再提高难度较大，亟须更多的关注和推进。

在看到全面小康建设取得的成绩的同时，也要充分认识到全面建成小康社会任务的艰巨性。2012年，经济发展、文化建设、人民生活、资源环境4个方面指数都在95%以上，但民主法制方面落后于经济社会的发展，指数仅有84.26%，差距较大。35项纳入计算的监测指标中(不包括暂时未纳入计算的4项)，已有23项指标评价值达到100%，即近三分之二的指标对总指数的提升空间已为零；评价值在90%—99.99%之间的有5项；评价值在80%—89.99%之间的有6项；1项指标评价值仅为64.24%。相对落后的方面再提高难度较大，亟须更多的关注和推进。

(一)社会公共安全需进一步加强，民主法制建设需进一步推进

浙江省在保障公共安全方面做了大量工作，也取得了一定成效，全省安全生产总体形势持续稳定好转，安全生产事故起数、死亡人数和直接经济损失连续九年实现了“三下降”。但是浙江社会安全指数仅为64.2%，仅比上年提高0.4个点，是所有指标中评价值最低的，也是提升最缓慢的。主要原因是经济犯罪案件较多，刑事犯罪人数(被告人判决生效人数)比重较高，且近年来呈现小幅上升趋势。同时，民主法治建设需进一步推进。2012年，浙江省每万名公务人员检察机关立案人数(贪污贿赂和渎职侵权案件)为7.85人，比上年增加了0.84人。律师数量较少，虽然每万人拥

有律师工作人员数为2.87人,但拥有执业律师数仅为2.13人,距离2.3人的全面小康目标值还有一定的差距。

(二)科技创新投入不足,经济发展的动力需进一步提升

浙江省R&D经费支出占GDP的比重长期处于较低水平。虽然2012年比上年提高了0.18个百分点,达到2.08%,但与北京(5.95%)、上海(3.37%)、天津(2.80%)、江苏(2.38%)、广东(2.17%)等经济发展水平较高省份的差距还是不小,离3.5%的小康目标值差距也较大。从企业科技投入来看,国际上一般认为R&D经费支出占企业主营业务收入的比重达到2%,企业才可能维持生存,达到5%才有竞争力。研发上的低投入导致难以吸引高级人才,从平均受教育年限指标水平可以看出,浙江省的人才结构层次较低。据人口普查资料显示,2010年平均受教育年限为8.79年,据中国统计年鉴资料显示,2012年,我省文盲人口占15岁及以上人口的比重为5.12%,高于全国的4.96%;6岁及以上人口中未上过学的人口比重为5.50%,高于全国的5.29%,与经济大省的地位不相匹配。同时,研发上的低投入,导致难以购买更先进设备、加大对研发和人力培训的投资,难以实现生产一代、开发一代、研制一代的目标,创新能力难以提升,产业结构层次较低,劳动生产率不高,无法为经济发展提供持续且足够的推动力。2012年浙江省工业劳动生产率为10.1万元/人,在经济发展水平较高的省份中属于偏低水平。即使剔除低小散的小规模企业,2012年规模以上工业劳动生产率也仅为15.1万元/人,只有江苏省的62%。

(三)资源环境保护不容忽视,经济发展代价需进一步控制

随着节能降耗工作的积极推进,生态省建设的深入实施,浙江省能源利用水平和生态环境综合指数居全国前列。但是,作为一个资源小省,过度依赖资源环境消耗的增长方式还没有得到真正

转变，粗放型的发展方式难以为继，空气、水、土壤等方面污染仍较严重。环境质量指数在2010年后出现了小幅的下降，且离全面小康目标值相差较远，特别是水环境质量令人担忧。2012年，省控监测断面地表水水质达到三类以上的比例为64.3%，自2011年开始监测点从171个增加到221个，地表水达标率下降较为明显，2012年比2010年下降了10个百分点。县级以上集中式饮水水源地水质达标率也还未能达到90%以上，仅为86.4%，亟须进一步加强水污染的治理和饮用水源的保护。

（四）居民收入增长放缓，民生保障水平需进一步提高

浙江居民收入人均水平虽然连年居全国各省区首位，但近年来增速相对较慢。2012年，城镇居民的人均可支配收入和农村居民人均纯收入名义增速分别低于全国1和2.2个百分点，实际增速低于全国0.4和1.9个百分点，农村居民人均纯收入增速列全国各省市区末位。我省"十二五"规划要求城乡居民收入增速分别要达到8.5%和9%，而2011—2013年年均增长仅7.9%和8.8%，有所欠账，要如期完成"十二五"规划，后两年均需年均增长9.3%以上，难度加大。养老保险覆盖率较低，2012年仅为76.3%，保障水平也不高。

四、对策与建议

2012年6月召开的浙江省第十三次党代会提出，今后五年，是浙江省进一步提升全面小康社会水平，向基本实现社会主义现代化迈进的关键时期。夏宝龙书记在2012年底省委十三届二次全体(扩大)会议上的报告充分肯定了浙江省基本实现全面建成惠及全省人民小康社会的成绩，但同时也提出了要用党的十八大报告提出的全面建成小康社会和全面深化改革开放的新要求指导浙江工作。

综观国内外形势，浙江经济社会发展面临的机遇和挑战是前

所未有的，但机遇大于挑战的总体态势没有改变。从上述分析来看，浙江省全面小康建设过程中五大领域的各项指标多数已经基本实现国家统计局科研所制定的全面建成小康社会统计监测指标体系中的目标值，评价值较低的指标均存在着发展水平相对较低且推进难度较大的问题。因此，浙江必须按照“干在实处、走在前列”的要求，牢牢把握科学发展主题，以全面深化改革为统领，把推动发展的立足点转到提高质量和效益上来，努力实现速度和结构质量效益相统一、经济社会发展与人口资源环境相协调，切实增强机遇意识、忧患意识和责任意识，继续解放思想，坚持改革开放，推动科学发展，促进社会和谐，改善民生保障，干好“一三五”、实现“四翻番”，进一步提升全面小康社会水平，努力建设“物质富裕、精神富有”的现代化浙江。

（一）加强和创新社会治理体制，推动“平安浙江”和“法治浙江”建设

在经济社会发展的转型期，面对各种问题和矛盾凸现、刑事案件高发、社会矛盾多发等严峻形势，要按照建设“平安浙江”的总体要求，健全维护社会和谐稳定长效机制，形成以人为本的社会治理新模式，确保社会和谐稳定。改进社会治理方式，推进社会治理创新综合试点，完善社会治理组织体系和运行机制，激发社会组织活力，健全网格化管理、组团式服务，创新有效预防和化解社会矛盾体制，建立畅通有序的诉求表达、心理干预、矛盾调处、权益保障机制，使群众问题能反映、矛盾能化解、权益有保障。健全公共安全体系。深化安全生产管理体制改革，建立隐患排查治理体系和安全预防控制体系，遏制重特大安全事故，做好突发公共事件应急处置工作。加强流动人口服务和管理，解决农村务工人员的实际困难。坚持依法行政，努力建设法治政府。强化权力运行制约和监督体系，加快电子政务建设，提高政府工作透明度。开展民主法制教育，完善基层民主制度，加强法律服务和法律援助，推动形成良好的法治环境。构建决策科学、执行坚决、监督有力的权力运行体

系,健全惩治和预防腐败体系,建设廉洁政治,注重发挥市场机制防治腐败的积极作用,着力铲除滋生腐败的土壤和条件,减少经济犯罪的机会,努力实现干部清正、政府清廉、政治清明。

(二)全面实施创新驱动发展战略,提高核心竞争力,着力打造浙江经济“升级版”

把创新驱动发展摆在核心战略位置。突破自身发展瓶颈,解决深层次矛盾和问题,根本出路在于全面深化改革和科技创新。促进经济社会持续健康发展,科技是关键、教育是基础、人才是核心。全面推进“四换三名”工程,“腾笼换鸟”,大力推进高科技、高附加值的产业和产品,推动新兴产业跨越发展,淘汰高能耗、高排放、低产出的产业和企业;“机器换人”,通过技术改造和设备更新,实现减员增效。以提高高技术产业和战略性新兴产业比重来调整产业结构,以提高高技术产品比重来调整产品结构,以提高产业技术来调整劳动力结构,以提高科技贡献率来调整整个经济结构,提高经济核心竞争力,促进经济在转型升级基础上实现长期平稳较快发展。“电商换市”,发挥我省在电子商务方面起步早、发展快、市场占有率高等优势,积极推进电子商务向各领域拓展。深入实施科教兴省战略,制定和实施人才强省发展纲要,大力推进科技创新,优先发展教育,全力打造人才高地,以创新引领现代化建设。不断完善区域创新体系,大力发展创新型经济,加快科技教育人才强省建设,加快建设创新型省份,为现代化浙江建设提供强大动力。

(三)加强生态环境保护和治理,建设美丽浙江,增强可持续发展能力

加快生态环境保护机制创新,促进生态环境全面好转。强化节能减排工作责任制,建立和完善单位 GDP 能耗和能源消费总量双控管理机制。推进城乡环境综合整治,探索建设用地投入产出考核机制,实施“亩产倍增”计划、“812”土地整治工程和“三改一拆”“四边三化”行动,盘活低效利用建设用地,加快二次开发,实现

“空间换地”。深化循环经济试点省建设。加强环境保护和污染治理，全力打好“五水共治”攻坚战，狠抓清洁水源、清洁空气、清洁土壤专项行动，完善环境执法监管机制，加大源头地区水环境保护力度，加强重点流域、重点地区水环境治理，健全水污染区域联防联控机制，切实保护好绿水青山。大力实施大气污染防治行动计划，加大雾霾治理力度。大力发展生态经济，切实改善生态环境，加快建设资源节约型、环境友好型社会，促进人与自然和谐发展，建设“富饶秀美、和谐安康”的生态浙江。

（四）努力保障和改善民生，加快完善社会保障体系和公共服务体系，促进社会和谐稳定

全面建成小康社会，实现全省人民物质富裕、精神富有是一项长期而艰巨的任务。按照十八大提出的到2020年实现国内生产总值和城乡居民人均收入比2010年翻一番的要求，浙江提出了实现“四个翻一番”，即全省生产总值、人均生产总值、城镇居民人均可支配收入、农村居民人均纯收入分别比2010年翻一番。要实现“四翻番”，就要以解决人民最关心最直接最现实的利益问题为着力点，加快建立完善居民收入增长与经济发展同步、劳动报酬增长和劳动生产率提高同步的机制，逐步提高居民收入在国民收入分配中的比重、劳动报酬在初次分配中的比重，着力增加城乡居民收入和家庭财产，力求缩小收入差距，最终实现物质上共同富裕。强化政府公共服务等职责，持续增加公共财政人均公共服务支出。建立更加公平可持续的社会保障制度，推动城乡居民基本养老保险制度、基本医疗保险制度整合，探索建立城乡居民大病保险制度。使人民群众拥有更好的教育、更稳定的工作、更满意的收入、更可靠的社会保障、更高水平的医疗卫生服务、更舒适的居住条件、更优美的环境，使社会更加和谐稳定。

课题负责人　傅吉青
课题组成员　王美福　傅吉青
冯淑娟

附表 浙江省全面建成小康社会进程统计监测结果

	2011年		2012年	
	数值	评价值%	数值	评价值%
一、经济发展		**95.1**		**96.7**
1.人均GDP(2010年不变价)	55396	97.19	59662	100.00
2.第三产业增加值占GDP比重	43.90	93.40	45.20	96.17
3.居民消费支出占GDP比重	36.03	100.00	36.05	100.00
4.R&D经费支出占GDP比重	1.90	75.86	2.08	83.38
5.每万人口发明专利拥有量	4.71	100.00	6.49	100.00
6.工业劳动生产率	9.74	81.15	10.07	83.92
7.互联网普及率	55.87	100.00	59.00	100.00
8.城镇人口比重	62.30	100.00	63.20	100.00
9.农业劳动生产率	2.83	100.00	3.16	100.00
二、民主法制		**81.7**		**84.3**
10.基层民主参选率	94.90	99.89	94.90	99.89
11.每万名公务人员检察机关立案人数				—
12.社会安全指数	63.76	63.76	64.24	64.24
13.每万人口拥有律师数	1.94	84.40	2.13	92.71
三、文化建设		**95.7**		**98.1**
14.文化及相关产业增加值占GDP比重	3.99	79.80	4.56	91.20
15.人均公共文化财政支出	155.99	100.00	172.18	100.00
16.有线广播电视入户率	82.26	100.00	83.89	100.00
17.每万人口拥有"三馆一站"公用房屋建筑面积	687.91	100.00	808.23	100.00

续 表

	2011 年		2012 年	
	数值	评价值%	数值	评价值%
18.城乡居民文化娱乐服务支出占家庭消费支出比重	6.03	100.00	6.02	100.00
四、人民生活		**95.8**		**97.7**
19.城乡居民人均收入(2010 年不变价)	22990	91.96	25247	100.00
20.地区人均基本公共服务支出差异系数	—	—	—	—
21.失业率	3.12	100.00	3.01	100.00
22.恩格尔系数	35.73	100.00	36.06	100.00
23.基尼系数	—	—	—	—
24.城乡居民收入比	2.37	100.00	2.37	100.00
25.城乡居民家庭人均住房面积达标率	64.70	100.00	65.64	100.00
26.公共交通服务指数	96.97	96.97	98.09	98.09
27.平均预期寿命	78.12	100.00	78.50	100.00
28.平均受教育年限	9.02	85.91	9.10	86.67
29.每千人口拥有执业医师数	2.60	100.00	2.71	100.00
30.基本社会保险覆盖率	80.70	84.95	85.48	89.98
31.农村自来水普及率	92.67	100.00	93.90	100.00
32.农村卫生厕所普及率	90.11	100.00	91.45	100.00
五、资源环境		**95.5**		**96.8**
33.单位 GDP 能耗(2010 年不变价)	0.59	100.00	0.55	100.00
34.单位 GDP 水耗(2010 年不变价)	73.55	100.00	68.12	100.00

续　表

	2011年		2012年	
	数值	评价值%	数值	评价值%
35. 单位GDP建设用地占用面积(2010年不变价)	34.72	100.00	32.14	100.00
36. 单位GDP二氧化碳排放量(2010年不变价)	—	—	—	—
37. 环境质量指数	88.16	88.16	89.66	89.66
38. 主要污染物排放强度指数	89.30	89.30	94.41	94.41
39. 城市生活垃圾无害化处理率	96.43	100.00	98.97	100.00
小康指数		**94.0**		**95.8**

注:本次监测中,单位GDP二氧化碳排放量、基尼系数、人均公共基本服务支出系数等3项指标数据无法取得,每万名公务人员检察机关立案人数暂不纳入总分计算。PM2.5达标天数比例暂无数据,用城市空气质量良好以上天数占全年天数比例替代。失业率数据为登记失业率。

第二章 浙江省 2013 年统筹城乡发展水平评价报告

2013 年，全省上下坚持以城带乡、以工促农、城乡互动、协调推进城乡各项事业作为统筹城乡发展的关键来抓，统筹推动稳增长、调结构、促改革、惠民生，城乡统筹发展水平进一步提高，实现了整体协调基础上的新提升。现将 2013 年全省、11 个设区市、61 个县(市、区)统筹城乡发展评价情况报告如下。

一、全省统筹城乡发展水平评价

(一)总体评价

2013 年，全省统筹城乡发展水平综合评价得分为 88.49 分，比 2012 年的 87.30 分增加 1.19 分。按照初步统筹(45—60 分)、基本统筹(60—75 分)、整体协调(75—90 分)、全面融合(90 分以上)四个阶段的划分标准，全省统筹城乡发展水平仍处于整体协调阶段(见图 1)。

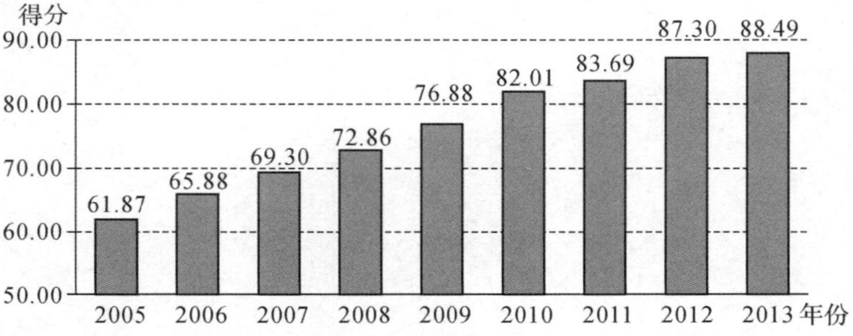

图 1 浙江省 2005—2013 年统筹城乡发展水平评价得分

（二）领域评价

2013年，全省经济发展、公共服务、人民生活、生态环境四大领域统筹水平平稳发展，目标实现度分别为86.2%、94.5%、83.9%、89.8%；生态环境领域实现度增幅最快，提高1.9个百分点；人民生活、公共服务和经济发展三大领域继续保持稳步提升态势，实现度分别提高1.2、1.1和0.7个百分点；领域间差距逐步缩小，实现度最高值与最低值差距缩小到2013年的10.6个百分点（见图2）。

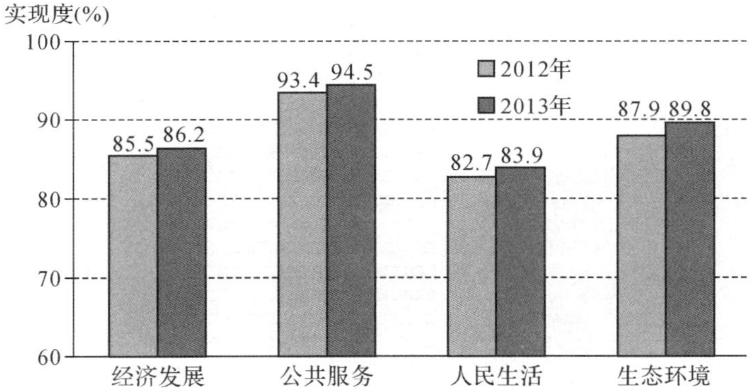

图2　全省统筹城乡四大领域目标实现度

（三）指标评价

2013年，全省33项指标实现度除一产增加值增长率等少数指标实现度有所回落外，大部分指标呈现较快增长。实现度在90%以上的指标有16项、占48.5%，与2012年相比，增加2项；75%—90%的指标有11项、占33.3%；60%—75%的指标有4项、占12.1%；60%以下的指标有2项、占6.1%（见图3）。

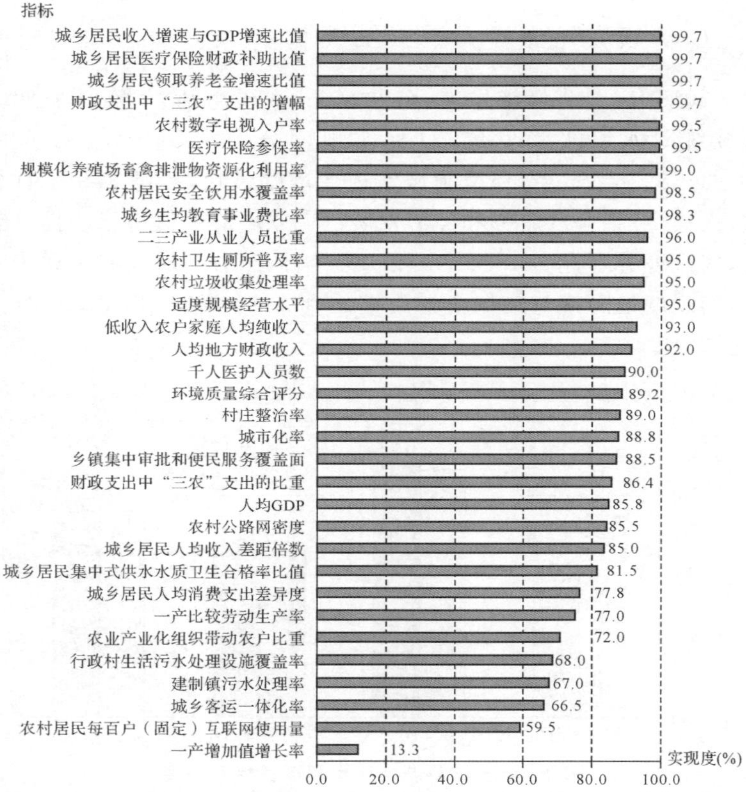

图 3 2013 年浙江省统筹城乡发展水平评价体系 33 项指标实现度

二、市、县城乡统筹发展水平评价

（一）11 个设区市评价

2013 年，11 个设区市加大统筹城乡力度，统筹水平进一步提升。从总体发展水平看，嘉兴、宁波、舟山、杭州、湖州 5 个市得分在 90 分以上，处于全面融合阶段，其中舟山和湖州 2 个市为新进入；绍兴、台州、金华、温州 4 个市得分超 80 分，仍处于整体协调阶段；衢州、丽水 2 个市得分尚未达到 75 分，仍处于基本统筹阶段

(见图4)。从增长幅度看,11个设区市得分平均提高1.23分,温州市得分增幅最大,提高2.94分。从位次变化看,舟山市位次向前提升2位,嘉兴、台州、衢州3个市的位次均向前提升1位。

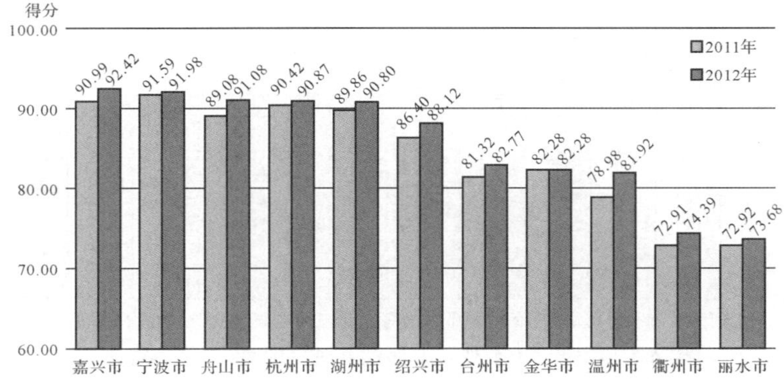

图4 2013年浙江省11个设区市统筹城乡发展评价得分

(二)61个县(市、区)评价

2013年,全省61个按一级财政体制结算的县(市、区)统筹城乡发展水平整体保持稳步提升态势。柯桥区等11个县(市、区)处于全面融合阶段,海盐县等31个县(市、区)处于整体协调阶段,云和县等19个县(市)处于基本统筹阶段。

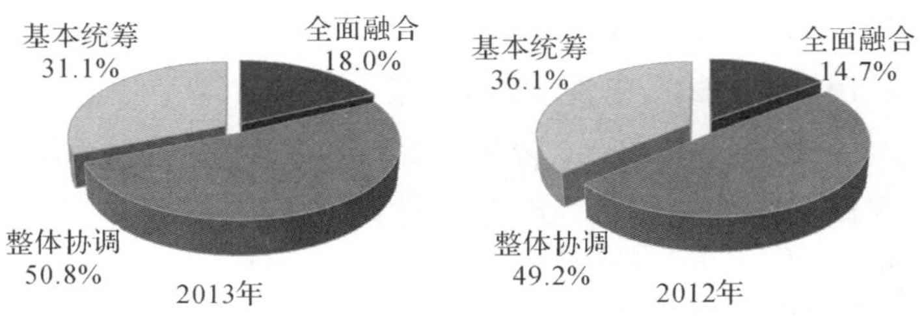

图5 61个县(市、区)统筹城乡发展水平分阶段数量占比

1.11个县(市、区)处于全面融合阶段

2013年,全省共有11个、占18.0%的县(市、区)得分在90分以上,处于全面融合阶段。按得分高低依次是:柯桥区、余杭区、慈

溪市、萧山区、鄞州区、海宁市、嘉善县、德清县、余姚市、平湖市、桐乡市(见图6)。其中,平湖、桐乡2个市为新进入。

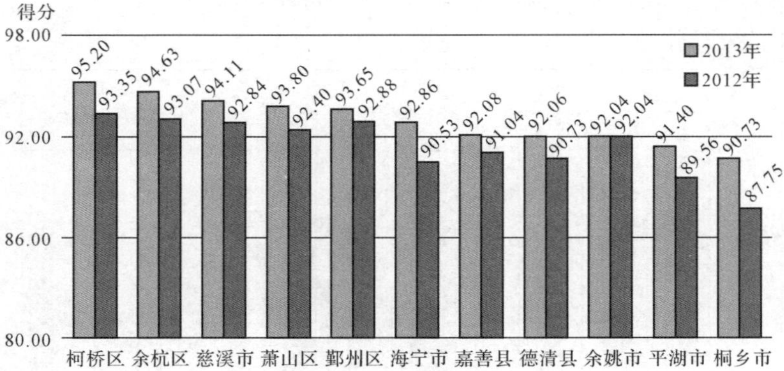

图6 2013年11个处于全面融合阶段的县(市、区)得分

2. 31个县(市、区)处于整体协调阶段

2013年,全省共有31个、占50.8%的县(市、区)得分在75分以上,处于整体协调阶段。按得分高低依次是:海盐县、长兴县、桐庐县、玉环县、义乌市、岱山县、安吉县、富阳市、诸暨市、临安市、温岭市、宁海县、嵊泗县、象山县、奉化市、永康市、上虞区、瑞安市、洞头县、东阳市、新昌县、嵊州市、乐清市、建德市、武义县、临海市、三门县、浦江县、江山市、龙泉市、磐安县(见图7)。其中,江山、龙泉、磐安3个县(市)为新进入。

3. 19个县(市)处于基本统筹阶段

2013年,全省有19个、占31.1%的县(市)仍处于基本统筹阶段。按得分高低依次是:云和县、遂昌县、永嘉县、淳安县、苍南县、兰溪市、平阳县、天台县、文成县、龙游县、松阳县、仙居县、景宁县、庆元县、泰顺县、常山县、青田县、开化县、缙云县(见图8)。

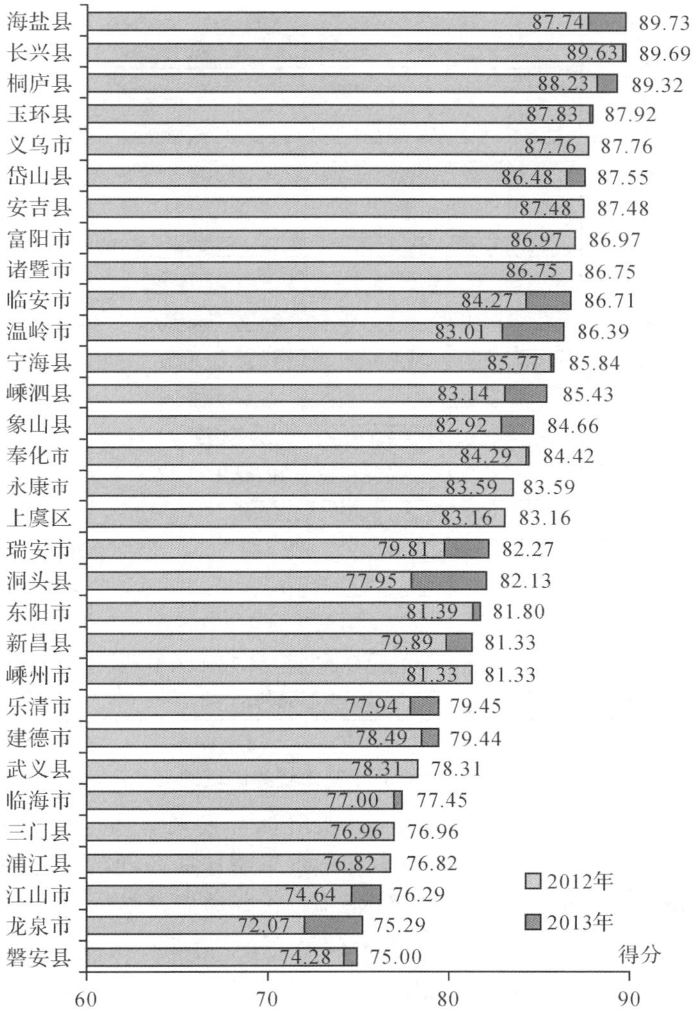

图7 2013年31个处于整体协调阶段的县(市、区)

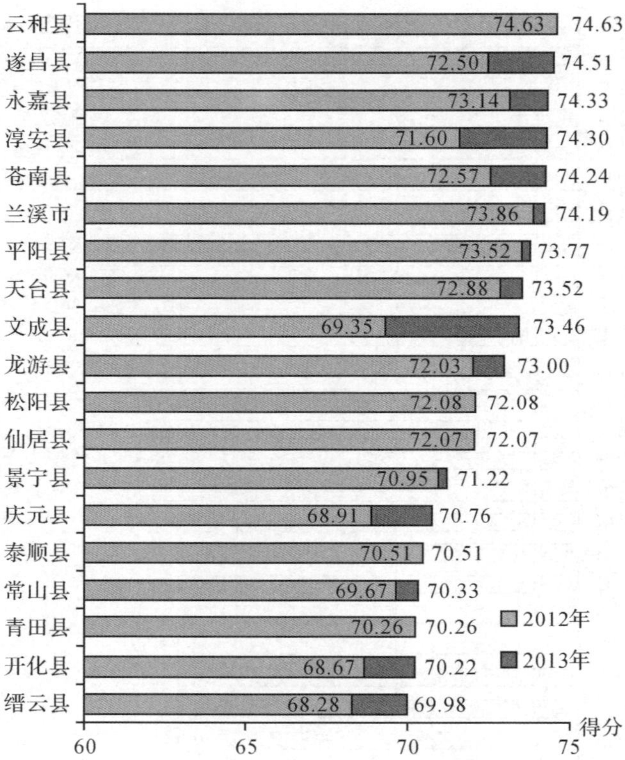

图 8 2013 年 19 个处于基本统筹阶段的县(市)

评价结果显示,2013 年,全省统筹城乡发展总体呈现三大提升发展态势:重点领域统筹城乡发展水平明显提升,四大领域中生态环境领域发展取得明显成效,特别是水环境质量得到明显改善,统筹发展水平目标提升度居四大领域之首;薄弱环节统筹城乡发展水平加快提升,目标实现度最低的人民生活领域与目标实现度最高的公共服务领域的差距逐步缩小;欠发达地区统筹城乡发展水平整体提升,全省 26 个欠发达,尤其是 11 个重点欠发达县(市)的统筹城乡发展水平平均得分增幅均高于全省 61 个县(市、区)平均得分增幅。

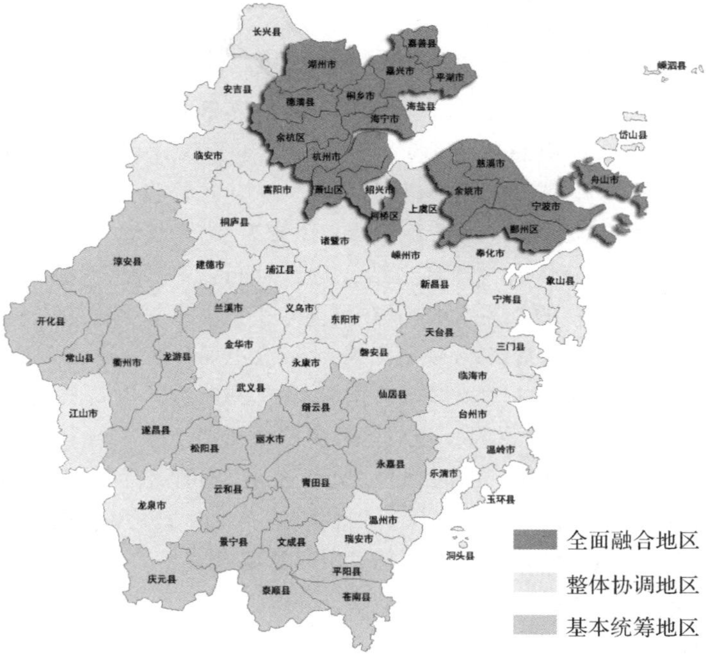

图 9　2013 年浙江省统筹城乡发展水平分布图

三、问题与建议

2013 年，全省城乡统筹发展水平稳中有进，进中向好，但也面临一些新情况、新问题。一是农民加快增收的压力较大，提高农业产出水平的任务艰巨。我省农业抗风险能力还比较弱，农业产出易受自然环境和市场环境多重影响。2013 年，全省一产增加值增长率目标实现度只有 13.3%，并出现逆向变化；有 9 个设区市、41 个县（市、区）的一产增加值增长率低于上年；有 5 个设区市、30 个县（市、区）的一产比较劳动生产率得分下降，农业产出效率稳步提升难以保持。二是生态环境保护的压力较大，改善生态环境质量的任务艰巨。尽管我省全面加强水环境治理，水环境质量得到明显改善，但是全省各地空气质量不容乐观，雾霾天气时有发生。2013年，全省11个设区市和61个县（市、区）中，仅云和、龙泉、桐庐的环境空气达标率没有下降，大气污染环境形势异常严峻。三是财政持续增收的压力较大，加大城乡统筹投入的任务艰巨。2013年，全省财政总收入增长7.8%，增幅比2012年下降0.4个百分点。随着经济发展进入新常态化，政府财政收入高速增长难以维持，城乡统筹投入水平要保持高位提升难度加大。

根据上述新情况、新问题，结合建设“两富”和“两美”浙江以及推进新型城市化的有关要求，以在更高水平上实现城乡融合发展，努力使浙江人民更加富裕、环境更加秀美、社会更加和谐。建议如下：

——推进农业提质增效，着力富裕农民口袋。以提高劳动生产率和农民持续增收为重点，全面实施农业“四换三名”工程，将“腾笼换鸟、机器换人、空间换地、电商换市”的理念运用于农业发展，培育农业名企、名品、名家。加快淘汰落后生产方式，提升农业经营主体水平；着力推进农业信息化，提高农业生产效益；努力推进农业科技创新，促进集聚高效发展；积极创新农产品产销模式，拓展农民增收渠道。

——加强生态环境保护，着力美化城乡环境。以全域统筹、全程治理、全民参与为重点，大力实施“五水共治”“三改一拆”“四边三化”和雾霾治理、节能减排、美丽乡村建设等专项行动，通过全领域覆盖、全方位推进、全天候监测，进一步改善城乡面貌，打造城乡优美人居环境。

——深化城乡体制改革，着力缩小城乡差距。以促进城乡要素有序流动和增强农村内生活力为重点，深入推进农村三权改革，积极推进户籍制度改革，鼓励引导农业转移人口落户城镇；总结推广嘉善、德清、海宁等地县域科学发展、城乡体制改革、资源要素市场化配置改革等试点经验，在坚持以工促农、以城带乡的同时，充分激发农村的内生活力，促进城乡一体发展。

省发改委　省统计局

附录

附表1　11个设区市统筹城乡发展水平综合评价得分

区域	2013年		2012年	区域	2013年		2012年	区域	2013年		2012年
	得分	位次	得分		得分	位次	得分		得分	位次	得分
浙江省	88.49	—	87.30	杭州市	90.87	4	90.42	金华市	82.28	8	82.28
嘉兴市	92.42	1	90.99	湖州市	90.80	5	89.86	温州市	81.92	9	78.98
宁波市	91.98	2	91.59	绍兴市	88.12	6	86.40	衢州市	74.39	10	72.91
舟山市	91.08	3	89.08	台州市	82.77	7	81.32	丽水市	73.68	11	72.92

附表2　61个县(市、区)统筹城乡发展水平综合评价得分

区域	2013年		2012年	区域	2013年		2012年	区域	2013年		2012年
	得分	位次	得分		得分	位次	得分		得分	位次	得分
浙江省	88.49	—	87.30	临安市	86.71	21	84.27	磐安县	75.00	42	74.28
柯桥区	95.20	1	93.35	温岭市	86.39	22	83.01	云和县	74.63	43	74.63
余杭区	94.63	2	93.07	宁海县	85.84	23	85.77	遂昌县	74.51	44	72.50
慈溪市	94.11	3	92.84	嵊泗县	85.43	24	83.14	永嘉县	74.33	45	73.14
萧山区	93.80	4	92.40	象山县	84.66	25	82.92	淳安县	74.30	46	71.60
鄞州区	93.65	5	92.88	奉化市	84.42	26	84.29	苍南县	74.24	47	72.57
海宁市	92.86	6	90.53	永康市	83.59	27	83.59	兰溪市	74.19	48	73.86
嘉善县	92.08	7	91.04	上虞区	83.16	28	83.16	平阳县	73.77	49	73.52
德清县	92.06	8	90.73	瑞安市	82.27	29	79.81	天台县	73.52	50	72.88
余姚市	92.04	9	92.04	洞头县	82.13	30	77.95	文成县	73.46	51	69.35
平湖市	91.40	10	89.56	东阳市	81.80	31	81.39	龙游县	73.00	52	72.03
桐乡市	90.73	11	87.75	新昌县	81.33	32	79.89	松阳县	72.08	53	72.08
海盐县	89.73	12	87.74	嵊州市	81.33	33	81.33	仙居县	72.07	54	72.07
长兴县	89.69	13	89.63	乐清市	79.45	34	77.94	景宁县	71.22	55	70.95
桐庐县	89.32	14	88.23	建德市	79.44	35	78.49	庆元县	70.76	56	68.91
玉环县	87.92	15	87.83	武义县	78.31	36	78.31	泰顺县	70.51	57	70.51
义乌市	87.76	16	87.76	临海市	77.45	37	77.00	常山县	70.33	58	69.67
岱山县	87.55	17	86.48	三门县	76.96	38	76.96	青田县	70.26	59	70.26
安吉县	87.48	18	87.48	浦江县	76.82	39	76.82	开化县	70.22	60	68.67
富阳市	86.97	19	86.97	江山市	76.29	40	74.64	缙云县	69.98	61	68.28
诸暨市	86.75	20	86.75	龙泉市	75.29	41	72.07				

附表 3　浙江省 2013 年统筹城乡发展水平综合评价得分表

领域	一级指标		二级指标		权重	2013 年	
	序号	指标名称	序号	指标名称		实现度	得分
统筹城乡经济发展	1	二三产业从业人员比重	1	二三产业从业人员比重	5	96.0	4.80
	2	人均 GDP	2	人均 GDP	6	85.8	5.15
	3	人均地方财政收入	3	人均地方财政收入	6	92.0	5.52
	4	城市化率	4	城市化率	6	88.8	5.33
	5	现代农业发展水平	5	一产比较劳动生产率	2	77.0	1.54
			6	一产增加值增长率	1	13.3	0.13
			7	农业产业化组织带动农户比重	1	72.0	0.72
			8	适度规模经营水平	1	95.0	0.95
统筹城乡公共服务	6	财政支出中用于“三农”的比重和增幅	9	财政支出中“三农”支出的比重	5	86.4	4.32
			10	财政支出中“三农”支出的增幅	3	99.7	2.99
	7	城乡生均教育事业费比率	11	城乡生均教育事业费比率	4	98.3	3.93
	8	千人医务人员数	12	千人医务人员数	4	90.0	3.60

续表

领域	一级指标		二级指标		权重	2013 年	
	序号	指标名称	序号	指标名称		实现度	得分
	9	城乡居民养老医疗保险水平差异度	13	城乡居民领取养老金增速比值	3	99.7	2.99
			14	城乡居民医疗保险财政补助比值	3	99.7	2.99
			15	医疗保险参保率	2	99.5	1.99
	10	乡镇集中审批和便民服务覆盖面	16	乡镇集中审批和便民服务覆盖面	2	88.5	1.77
统筹城乡人民生活	11	城乡居民人均收入差异度	17	城乡居民人均收入差距倍数	4	85.0	3.40
			18	城乡居民收入增速与 GDP 增速比值	3	99.7	2.99
			19	低收入农户家庭人均纯收入	1	93.0	0.93
	12	城乡交通统筹水平	20	农村公路网密度	2	85.5	1.71
			21	城乡客运一体化率	2	66.5	1.33
	13	城乡安全饮用水差异度	22	城乡居民集中式供水水质卫生合格率比值	2	81.5	1.63
			23	农村居民安全饮用水覆盖率	2	98.5	1.97
	14	农村信息化应用水平	24	农村居民每百户(固定)互联网使用量	2	59.5	1.19
			25	农村数字电视入户率	2	99.5	1.99
	15	城乡居民人均消费支出差异度	26	城乡居民人均消费支出差异度	6	77.8	4.67

续表

领域	一级指标		二级指标		权重	2013年	
	序号	指标名称	序号	指标名称		实现度	得分
统筹城乡生态环境	16	环境质量综合评分	27	环境质量综合评分	5	89.2	4.46
	17	农村垃圾收集处理率	28	农村垃圾收集处理率	5	95.0	4.75
	18	农村污水集中处理率	29	行政村生活污水处理设施覆盖率	1	68.0	0.68
			30	建制镇污水处理率	1	67.0	0.67
			31	规模化养殖场畜禽排泄物资源化利用率	1	99.0	0.99
	19	农村卫生厕所普及率	32	农村卫生厕所普及率	3	95.0	2.85
	20	村庄整治率	33	村庄整治率	4	89.0	3.56
合计					100	—	88.49

附表4　浙江省及11个市2013年统筹城乡发展水平指标得分表

区域	统筹城乡发展总分	统筹城乡经济发展	1.二、三产业从业人员比重	2.人均GDP	3.人均地方财政收入	4.城市化率	5.现代农业发展水平				统筹城乡公共服务	6.财政支出中用于“三农”的比重和增幅		7.城乡生均教育事业费比率	8.千人医务人员数	9.城乡居民养老医疗保险水平差异度			10.乡镇集中审批和便民服务覆盖面
			1.二、三产业从业人员比重	2.人均GDP	3.人均地方财政收入	4.城市化率	5.一产比较劳动生产率	6.一产增加值增长率	7.农业产业化组织带动农户比重	8.适度规模经营水平		9.财政支出中“三农”支出的比重	10.财政支出中“三农”支出的增幅	11.城乡生均教育事业费比率	12.千人医务人员数	13.城乡居民领取养老金增速比值	14.城乡居民医疗保险财政补助比值	15.医疗保险参保率	16.乡镇集中审批和便民服务覆盖面
权重	100	28	5	6	6	6	2	1	1	1	26	5	3	4	4	3	3	2	2
浙江省	88.49	24.14	4.80	5.15	5.52	5.33	1.54	0.13	0.72	0.95	24.58	4.32	2.99	3.93	3.60	2.99	2.99	1.99	1.77
杭州市	90.87	26.36	4.96	5.99	5.99	5.99	1.35	0.33	0.76	0.99	23.20	3.19	2.56	3.72	3.99	2.89	2.99	1.99	1.87
宁波市	91.98	26.44	4.99	5.99	5.99	5.82	1.99	0.00	0.67	0.99	24.34	3.50	2.99	3.95	3.99	2.94	2.99	1.99	1.99
温州市	81.92	21.37	4.91	4.55	4.36	5.58	0.56	0.00	0.52	0.89	21.97	4.64	1.71	3.32	3.21	2.22	2.95	1.96	1.96
嘉兴市	92.42	25.06	4.99	5.88	5.60	4.76	1.99	0.18	0.75	0.91	24.51	4.64	2.99	3.99	3.74	2.33	2.99	1.99	1.84
湖州市	90.80	23.66	4.79	5.16	4.92	4.67	1.99	0.16	0.98	0.99	24.24	4.64	2.93	3.99	3.37	2.34	2.99	1.99	1.99
绍兴市	88.12	24.63	4.73	5.84	5.14	5.08	1.46	0.69	0.82	0.87	23.15	4.64	2.18	3.99	3.34	2.36	2.99	1.99	1.66
金华市	82.28	21.82	4.46	4.97	4.69	5.18	0.59	0.27	0.75	0.91	21.92	4.64	1.76	3.45	3.54	1.94	2.74	1.97	1.88
衢州市	74.39	17.83	3.34	4.29	4.01	3.98	0.29	0.24	0.74	0.94	20.56	4.64	2.13	3.49	2.58	1.92	2.15	1.99	1.66
舟山市	91.08	26.76	4.73	5.99	5.99	5.48	1.99	0.99	0.76	0.83	20.82	3.70	0.22	3.99	3.82	2.46	2.98	1.99	1.66
台州市	82.77	51.51	4.51	4.66	4.40	4.84	1.26	0.13	0.75	0.96	21.08	4.64	1.91	3.55	2.80	1.95	2.25	1.99	1.99
丽水市	73.68	18.33	3.43	4.15	3.99	4.48	0.33	0.76	0.66	0.53	21.67	4.64	1.92	3.93	2.93	1.92	2.45	1.99	1.89

续表

区域	统筹城乡发展总分	统筹城乡人民生活	11.城乡居民人均收入差异度			12.城乡交通统筹水平		13.城乡安全饮用水差异度		14.农村信息化应用水平		15.城乡居民人均消费支出差异度	统筹城乡生态环境	16.环境质量综合评分	17.农村垃圾收集处理率	18.农村污水集中处理率			19.农村卫生厕所普及率	20.村庄整治率
			17.城乡居民人均收入差距倍数	18.城乡居民收入增速与GDP增速比值	19.低收入农户家庭人均纯收入	20.农村公路网密度	21.城乡客运一体化率	22.城乡居民集中式供水水质卫生合格率比值	23.农村居民安全饮用水覆盖率	24.农村居民每百户(固定)互联网使用量	25.农村数字电视入户率	26.城乡居民人均消费支出差异度		27.环境质量综合评分	28.农村垃圾收集处理率	29.行政村生活污水处理设施覆盖率	30.建制镇污水处理率	31.规模化养殖场畜禽排泄物资源化利用率	32.农村卫生厕所普及率	33.村庄整治率
权重	100	26	4	3	1	2	2	2	2	2	2	6	20	5	5	1	1	1	3	4
浙江省	88.49	21.81	3.40	2.99	0.93	1.71	1.33	1.63	1.97	1.19	1.99	4.67	17.96	4.46	4.75	0.68	0.67	0.99	2.85	3.56
杭州市	90.87	22.45	3.85	2.99	0.97	1.44	1.39	0.92	1.98	1.49	1.99	5.43	18.86	4.44	4.99	0.92	0.83	0.99	2.99	3.70
宁波市	91.98	24.05	3.94	2.99	0.99	1.78	1.49	1.99	1.99	1.40	1.93	5.55	17.15	3.62	4.90	0.50	0.56	0.99	2.90	3.68
温州市	81.92	21.62	3.42	2.73	0.96	1.41	1.85	1.73	1.96	1.36	1.99	4.21	16.96	4.13	4.99	0.64	0.68	0.99	2.78	2.75
嘉兴市	92.42	25.21	3.99	2.99	0.99	1.99	1.99	1.99	1.99	1.99	1.99	5.30	17.64	3.13	4.99	0.85	0.73	0.99	2.99	3.96
湖州市	90.80	24.25	3.83	2.99	1.00	1.99	1.99	1.99	1.98	1.34	1.99	5.15	18.65	4.50	4.99	0.90	0.56	0.99	2.89	3.82
绍兴市	88.12	22.47	3.88	2.99	0.96	1.75	1.65	1.57	1.98	1.02	1.99	4.68	17.87	3.92	4.99	0.68	0.59	0.99	2.86	3.84
金华市	82.28	20.58	3.13	2.99	0.92	1.81	1.99	1.11	1.95	0.83	1.99	3.86	17.96	4.15	4.99	0.83	0.76	0.96	2.64	3.63
衢州市	74.39	17.02	2.52	2.99	0.91	1.06	1.63	0.76	1.94	0.76	1.90	2.55	18.98	4.86	4.99	0.86	0.75	0.98	2.76	3.78
舟山市	91.08	24.51	3.98	2.99	0.99	1.99	1.38	1.99	1.98	1.46	1.91	5.84	18.99	4.89	4.99	0.96	0.39	0.99	2.85	3.92
台州市	82.77	22.62	3.41	2.99	0.93	1.76	1.52	1.88	1.96	1.57	1.99	4.61	17.56	4.23	4.99	0.67	0.71	0.99	2.83	3.14
丽水市	73.68	15.26	2.12	2.99	0.91	0.54	0.89	1.20	1.93	0.51	1.99	2.18	18.42	4.94	4.87	0.69	0.61	0.99	2.88	3.44

第三章　2013 年度设区市、县(市、区)科技进步统计监测评价报告

2013 年,全省上下以省委《关于全面实施创新驱动发展战略、加快建设创新型省份的决定》精神为指导,以落实“八倍增、两提高”为抓手,以提升自主创新能力为重点,大力推进科技创新工作。继宁波、嘉兴之后,杭州、湖州又被列为国家创新型试点城市。科技支撑引领经济社会发展作用明显提升。

2013 年,全省投入研发经费 817.27 亿元,研发人员 31.1 万人,获发明专利授权 11139 项,完成新产品总产值 1.67 万亿元,高新技术产业总产值① 2.05 万亿元,技术市场实现交易额 169.77 亿元,截至 2013 年年末,全省拥有高新技术企业 5137 家,科技型中小企业 11833 家,分别实现“八倍增”年度目标的 97.3%、94.2%、85.7%、111.3%、102.6%、181.6%、102.6%和 118.3%。

一、全省科技进步概况

(一)人才队伍建设实现新突破

2013 年,全省扎实推进“千人计划”,多渠道引进集聚海外高层次人才。全省入选第十批国家“千人计划”86 人,累计 324 人,新入选人数和总量均居全国第 4 位;新评选引进省“千人计划”209

① 本文的高新技术产业数据按浙江省高新技术产业(制造业)统计分类目录(2013 修订)统计。

人，累计939人。新选拔151人才培养对象400名、突出贡献中青年专家50名。全年培训企业经营管理人员20万人次，培养中高级专业技术人才5000多名，培训各类农村实用人才14.6万人。通过实施各类人才计划的培养，有力推动了科技创新活动的深入开展，科技活动人员数稳步增长。2013年末，全省从事科技活动人员64.51万人，比2012年增长5.7%，其中从事R&D活动人员31.1万人，增长11.8%，拥有本科以上学历人员25.57万人，增长4.6%。

（二）科技经费投入保持稳步增长

财政科技经费投入力度进一步加大。2013年，全省地方财政科技拨款191.87亿元，比2012年增长15.6%；地方财政科技拨款占地方财政支出的比重为4.06%，比上年提高0.07个百分点。财政科普活动经费拨款1.56亿元，比2012年增长7.4%，人均科普活动经费3.25元，比2012年提高0.21元。

全省科技活动经费、研究与试验发展（R&D）经费和企业技术开发费继续保持稳步增长。2013年，全省科技活动经费支出1292.90亿元，比2012年增长13.0%，科技活动经费相当于生产总值的比重由2012年的3.30%提高到3.44%；R&D经费支出817.27亿元，增长13.1%，R&D经费支出相当于生产总值的比重为2.18%，比2012年提高0.1个百分点；规模以上工业企业技术开发费支出1031.11亿元，增长14.1%，企业技术开发费相当于主营业务收入的比例为1.68%，提高0.11个百分点。

（三）高新技术产业发展扎实推进

高新技术产业规模又跃新台阶。规模以上工业企业完成高新技术产业总产值2.05万亿元，增长13.1%；实现高新技术产业增加值4157.95亿元，占全部规模以上工业增加值的35.0%，同比提高0.35个百分点。完成战略性新兴产业增加值2987.03亿元，占全省GDP的7.95%，比上年提高0.45个百分点。

高技术服务业保持较快发展。高技术服务业实现营业收入2712.71亿元，同比增长21.9%；高技术服务业营业收入占限额以上服务业的36.05%，同比提高1.9个百分点。2013年新认定培育高新技术企业797家，累计达5137家。

农业农村科技创新取得新成效。2013年，我省继续实施科技富民强县专项行动计划，加快推进茶产业和竹产业科技成果转化工程，不断推进农业发展方式转变和农民创业就业方式转变，农业劳动生产率明显提高。全省农业劳动生产率由2012年的2.77万元/人提高到2.96万元/人。

(四)科技成果质量与水平得到提升

科技发展宏观环境的进一步改善形成了鼓励创新、重视知识产权保护的环境和氛围，产生了一批具有重要影响的原始性创新成果。2013年，全省有26项重大成果获国家科学技术奖，其中国家自然科学奖4项，国家技术发明奖8项，国家科技进步奖14项。281项成果获省科技进步奖，其中一等奖28项，二等奖89项，三等奖161项，省重大科技贡献奖3项。2013年，全省申请专利29.4万项，增长17.9%，获专利授权20.2万项，增长7.4%；其中申请发明专利4.3万项，增长28.5%，获发明专利授权11139项。同时，一大批主要工业产品得到更新，涌现出一批科技含量高、附加值大、竞争力强的新产品。2013年，全省规模以上工业企业共完成新产品总产值1.67万亿元，同比增长24.4%；新产品产值率为26.3%，同比提高3.3个百分点。

(五)技术市场交易日趋活跃

2013年，全省共成交技术合同18230项，合同成交金额205.49亿元。其中技术输出合同12095项，合同成交金额81.41亿元；技术吸纳合同15331项，成交金额169.77亿元。技术开发和技术服务是技术交易的主要形式，成交金额分别占技术交易总成交金额的48.39%和37.69%。

（六）创新平台与载体建设取得新进展

2013年，新建浙江省知识产权（专利）公共服务平台、浙江省物联网技术创新服务平台、浙江省工业设计技术创新服务平台等9家科技创新平台，全省重大科技创新平台累计达80家，已整合科研设备设施价值达56亿元，加入服务层企业3.9万余家。新建省级重点实验室27家，累计184家，其中国家重点实验室12家。新建省级工程技术研究中心11家，累计67家，其中国家工程技术研究中心15家。新建省级企业研究院54家、省级高新技术企业研究开发中心282家，累计分别达155家、1870家。

（七）节能减排目标全面完成

2013年，全省以治水为突破口倒逼转型升级，全面推进"五水共治"，全力维护生态环境安全，节能减排取得显著成效。2013年，全省单位GDP能耗下降3.7%，超额完成全年节能目标；化学需氧量、氨氮、二氧化硫和氮氧化物分别减排3.95%、4.26%、5.18%和6.90%，均超额完成年度减排目标。

全省在科技领域取得成绩的同时，通过科技进步统计监测也反映出一些问题，几项比重指标有所下降，需引起重视。一是发明专利授权量占比继续下降。发明专利授权量占专利授权量的比重由2011年的7.2%下降到2012年的6.08%、2013年的5.5%。二是全省高新技术产品出口额比2012年下降3.6%，高新技术产品出口额占出口总额比重由6.59%下降到5.74%。三是全省R&D经费支出占全国的比重由上年的7.02%下降到6.9%。分执行部门来看，科研机构和高等院校R&D经费支出增速比全省R&D经费增速分别低2.4、7.4个百分点。

二、设区市、县（市、区）科技进步状况综合评价

根据浙江省科技进步统计监测评价指标体系（暨市县党政领

导科技进步目标责任制考核基础性能力评价指标体系)和监测评价方法,按在地统计原则,从科技进步规模、科技进步水平、相对于上年变化情况的综合评价等方面进行了监测评价。评价结果如下。

(一)变化情况综合评价

2013年度变化情况综合评价是以科技进步规模、水平变化情况为主,适当考虑科技进步规模、水平的原有基础综合而成。

根据综合评价,2013年度变化情况综合评价居前3位的设区市是宁波市、绍兴市、杭州市(详见附表1);变化情况综合评价居后3位的设区市是舟山市、台州市和丽水市。变化情况综合评价居前10位的县(市、区)是诸暨市、龙湾区、长兴县、鄞州区、滨江区、瑞安市、慈溪市、宁海县、余杭区、乐清市(详见附表2);变化情况综合评价居后5位的县(市、区)是平阳县、越城区、遂昌县、缙云县、嵊泗县。

(二)科技进步统计监测一级指标综合评价

科技进步统计监测包括科技投入、技术创新、科技产出、转型升级和创新环境5个一级指标。

在科技投入综合评价排序中,温州市、衢州市和绍兴市居设区市前3位;杭州市、舟山市和丽水市居设区市后3位。诸暨市、海宁市、富阳市、慈溪市、洞头县、鄞州区、龙湾区、新昌县、长兴县、桐乡市居县(市、区)前10位;青田县、越城区、下城区、海曙区、嵊泗县居县(市、区)后5位。

在技术创新综合评价排序中,杭州市、温州市和宁波市居设区市前3位;金华市、衢州市和丽水市居设区市后3位。乐清市、瑞安市、龙湾区、洞头县、宁海县、富阳市、诸暨市、泰顺县、鹿城区、江北区居县(市、区)前10位;开化县、莲都区、兰溪市、缙云县、越城区居县(市、区)后5位。

在科技产出综合评价排序中,宁波市、舟山市和绍兴市居设区市前3位；台州市、嘉兴市和丽水市居设区市后3位。诸暨市、上虞区、瓯海区、江东区、江干区、萧山区、安吉县、海曙区、长兴县、定海区居县(市、区)前10位；洞头县、平阳县、遂昌县、泰顺县、常山县居县(市、区)后5位。

在转型升级综合评价排序中，绍兴市、杭州市和嘉兴市居设区市前3位；温州市、台州市和舟山市居设区市后3位。龙泉市、宁海县、滨江区、海宁市、南湖区、文成县、柯桥区、长兴县、江山市、诸暨市居县(市、区)前10位；金东区、北仑区、玉环县、路桥区、鹿城区居县(市、区)后5位。

在创新环境综合评价排序中，湖州市、杭州市和衢州市居设区市前3位；舟山市、台州市和丽水市居设区市后3位。滨江区、龙湾区、西湖区、余杭区、海盐县、瓯海区、义乌市、吴兴区、建德市、金东区居县(市、区)前10位；江东区、文成县、越城区、岱山县、东阳市居县(市、区)后5位。

附录

附表1 设区市科技进步统计监测综合评价结果

地　区	科技投入综合评价位次	技术创新综合评价位次	科技产出综合评价位次	转型升级综合评价位次	创新环境综合评价位次	变化情况综合评价位次
杭州市	9	1	5	2	2	3
宁波市	7	3	1	7	6	1
温州市	1	2	8	9	8	4
嘉兴市	4	5	10	3	4	6
湖州市	6	7	4	4	1	5
绍兴市	3	6	3	1	5	2
金华市	5	9	7	5	7	8
衢州市	2	10	6	6	3	7
舟山市	10	4	2	11	9	9
台州市	8	8	9	10	10	10
丽水市	11	11	11	8	11	11

附表2 县(市、区)科技进步统计监测综合评价结果

地　区	科技投入综合评价位次	技术创新综合评价位次	科技产出综合评价位次	转型升级综合评价位次	创新环境综合评价位次	变化情况综合评价位次
上城区	73	67	74	25	46	64
下城区	88	75	60	67	37	82
江干区	80	36	5	54	15	34
拱墅区	34	18	65	50	35	35
西湖区	70	56	38	51	3	47
滨江区	27	26	37	3	1	5

续 表

地 区	科技投入综合评价位次	技术创新综合评价位次	科技产出综合评价位次	转型升级综合评价位次	创新环境综合评价位次	变化情况综合评价位次
萧山区	29	22	6	72	62	26
余杭区	22	16	19	47	4	9
桐庐县	65	68	55	30	81	63
淳安县	18	49	26	83	72	53
建德市	72	55	17	16	9	27
富阳市	3	6	67	13	66	13
临安市	46	41	22	15	61	25
海曙区	89	63	8	81	67	81
江东区	67	81	4	78	86	71
江北区	49	10	15	46	44	20
北仑区	13	14	28	87	49	31
镇海区	25	13	12	39	25	14
鄞州区	6	21	11	11	18	4
象山县	28	31	42	20	31	18
宁海县	37	5	40	2	32	8
余姚市	39	20	13	63	75	30
慈溪市	4	15	16	45	34	7
奉化市	32	29	20	41	57	24
鹿城区	41	9	32	90	30	44
龙湾区	7	3	51	24	2	2
瓯海区	48	33	3	29	6	15
洞头县	5	4	86	77	17	33

续　表

地　区	科技投入综合评价位次	技术创新综合评价位次	科技产出综合评价位次	转型升级综合评价位次	创新环境综合评价位次	变化情况综合评价位次
永嘉县	66	52	72	44	64	68
平阳县	85	54	87	73	45	86
苍南县	16	37	21	36	59	22
文成县	35	27	54	6	87	28
泰顺县	15	8	89	65	22	45
瑞安市	26	2	14	18	36	6
乐清市	19	1	25	48	20	10
南湖区	52	17	44	5	39	17
秀洲区	69	69	23	19	58	46
嘉善县	42	53	71	33	48	51
海盐县	47	46	83	22	5	42
海宁市	2	35	59	4	42	11
平湖市	21	39	48	62	28	36
桐乡市	10	19	35	21	33	12
吴兴区	43	25	50	76	8	38
南浔区	20	65	52	71	14	49
德清县	14	23	39	56	16	21
长兴县	9	12	9	8	21	3
安吉县	31	61	7	38	19	23
越城区	87	90	68	26	88	87
柯桥区	53	72	62	7	50	48
新昌县	8	11	47	82	60	32

续 表

地　区	科技投入综合评价位次	技术创新综合评价位次	科技产出综合评价位次	转型升级综合评价位次	创新环境综合评价位次	变化情况综合评价位次
诸暨市	1	7	1	10	27	1
上虞区	33	28	2	60	13	16
嵊州市	38	30	24	84	71	52
婺城区	78	83	45	34	23	62
金东区	55	58	64	86	10	67
武义县	56	40	31	59	26	43
浦江县	64	79	56	61	38	66
磐安县	79	62	41	31	41	57
兰溪市	71	88	70	12	70	73
义乌市	51	66	46	37	7	41
东阳市	50	85	84	40	90	83
永康市	12	64	18	66	78	39
柯城区	81	71	33	80	11	72
衢江区	68	47	82	57	68	78
常山县	61	57	90	35	47	77
开化县	17	86	78	28	69	59
龙游县	57	70	53	27	53	54
江山市	40	24	79	9	24	29
定海区	74	50	10	53	63	50
普陀区	58	34	30	32	56	37
岱山县	62	43	49	69	89	69
嵊泗县	90	80	63	49	84	90

续　表

地　区	科技投入综合评价位次	技术创新综合评价位次	科技产出综合评价位次	转型升级综合评价位次	创新环境综合评价位次	变化情况综合评价位次
椒江区	83	74	34	70	55	80
黄岩区	30	51	36	79	65	55
路桥区	24	44	76	89	77	74
玉环县	60	84	58	88	73	85
三门县	54	60	77	64	54	70
天台县	77	42	73	85	79	84
仙居县	45	45	80	75	80	79
温岭市	36	32	29	74	43	40
临海市	44	78	61	68	40	65
莲都区	75	87	27	52	74	75
青田县	86	38	81	14	29	60
缙云县	82	89	75	58	85	89
遂昌县	84	82	88	23	83	88
松阳县	23	73	43	55	82	58
云和县	76	76	57	42	76	76
庆元县	63	77	66	17	51	56
景宁县	59	59	69	43	52	61
龙泉市	11	48	85	1	12	19

社科处　蔡思中

第四章　2013 年度浙江省妇女发展规划统计监测报告

为更好地贯彻落实“男女平等”基本国策，在省委省政府的高度重视下，省妇儿工委各成员单位紧紧围绕《浙江省妇女发展规划(2011—2015 年)》(以下简称《规划》)目标，制定政策，落实责任，采取措施、加大宣传，使全省妇女事业各项目标稳步推进，在诸多领域取得了长足进步。

为全面反映我省《规划》实施三年来的情况，在各成员单位提供的统计监测资料基础上进行综合整理分析，我们完成了 2013 年度妇女发展统计监测报告。

一、“妇女规划”实施进展情况

妇女发展规划涉及 7 个领域。从监测结果上分析，我省的妇女事业发展平稳，除个别指标外，多数指标数据均比上年有所提高。

(一)妇女与卫生保健

1. 死亡率持续稳定在较低水平

2013 年，全省孕产妇死亡率为 6.20/10 万，比 2010 年下降 1.24/10 万，控制在《规划》要求的 10/10 万以内，大大低于全国平均水平，在全国处于领先地位。其中，城市孕产妇死亡率 7.05/10 万，略有反弹；但农村孕产妇死亡率由 2010 年 9.14/10 万下降到 2013 年的 4.49/10 万，下降 4.65/10 万，城乡差距明显缩小。流动人口孕产妇死亡率由 2010 年的 11.88/10 万下降到 2013 年的 9.6/10 万，下降 2.28/10 万。

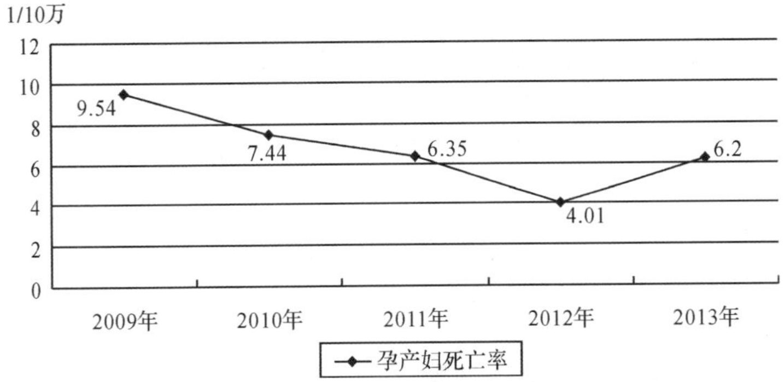

图 1 孕产妇死亡率变化图

2. 孕产妇管理水平全面提升

2013 年，全省孕产妇系统管理率 96.70%，其中，城市 96.88%，农村 96.34%，分别比 2010 年提高 1.4、1.26 和 1.67 个百分点，超过《规划》确定的 93%以上的目标值。孕产妇中、重度贫血患病率 0.73%，比上年下降 0.09 个百分点。全省孕产妇住院分娩率、农村孕产妇住院分娩率、农村高危孕产妇住院分娩率分别为 99.99%、99.99%和 100%。2013 年，累计 66.4 万例孕产妇接受艾滋病病毒抗体检测，检测率 99.3%，孕产妇艾滋病病毒抗体阳性率 0.01%，在全国属于 HIV 低流行区。

3. 妇女健康保障水平逐年提高

2013 年，全省妇女常见病筛查人数 440.2 万人，比 2010 年增加 42.2 万人，增长 10.59%；妇女常见病筛查率 34.56%，比 2011 年提高 4.29 个百分点。宫颈癌患病率 1.18/10 万，比 2010 年下降 0.21/10 万；乳腺癌患病率 0.82/10 万，比 2010 年上升 0.32/10 万。妇女梅毒年报告发病率由 2011 年的 95.35/10 万下降到 2013 年的 69.84/10 万。2013 年，全省报告女性艾滋病感染病例数比 2010 年下降 7.72 个百分点。

4. 优生“两免”政策全面覆盖

2013 年，优生“两免”政策全面覆盖，即免费婚前医学检查、免费优生检测。全省婚前医学检查率已达 93.43%，比 2010 年提高 12.89 个百分点，超过《规划》确定的 70%以上的目标值。开展孕前优生检测 37.94 万人次，孕前优生检测率 94.97%，比 2010 年提高 4.54 个百分点，超过《规划》目标值 24.97 个百分点。孕产妇产前检查率 98.60%，比 2010 年提高 0.17 个百分点，在全国处于领先水平。

（二）妇女与教育培训

1. 基础教育女生比例均衡化

2013 年，我省幼儿在园人数 186.33 万人，在园人数比 2010 年增加 3.28 万人；其中，女童 85.6 万人比 2010 年增加 1.84 万人，提高 2.2 个百分点。小学、初中在校女生 230.18 万人，比上年增加 1.26 万人，提高 0.6 个百分点。普通高中在校女生 42.55 万人，占 50.67%，与上年持平，比 2010 年提高 0.24 个百分点。职业学校在校女生占比 46.02%，比上年下降 1 个百分点。

2. 女性高等教育水平逐步提高

2013 年，高等教育毛入学率达到 51.7%，比 2010 年提高 6.7 个百分点，超过《规划》50%以上的目标值。普通高等教育在校女生 52.79 万人，比上年增加 2.07 万人，提高 4.08 个百分点；普通高校在校女性占比 55.01%，比 2010 年提高 2.34 个百分点。在校女研究生占 47.04%，比 2010 年提高 1.64 个百分点，在校人数 2.72 万人，比上年增加 1690 人，增长 6.63%。

3. 妇女职业技能培训丰富多彩

2013 年，我省根据职业变化需求和妇女从业人员特点，开展有针对性、实用性、有效性的就业前培训，提高妇女从业人员的就业能力和就业竞争力。由就业培训中心和民办职业机构举办的女性职业技能培训人数达到 62.76 万人，比上年增加 29.8 万人，提高 90.4%。其中,就业培训中心举办的女性职业技能培训,人数达 40 万人,比上年增加 30.54 万人,培训人数是上年的 3.23 倍。

(三)妇女与经济发展

1. 妇女就业比例保持基本稳定

2013 年,全省年末从业人员数为 3708.73 万人,其中女性为 1584.59 万人,占从业人员的 42.73%,高于《规划》确定的目标要求,与 2010 年比较,从业女性人数增加 33.59 万人,增长 2.17%。城镇单位从业人员为 1071.61 万人,其中,女性为 355.36 万人,占 33.16%,与 2010 年比较,增加 58.55 万人,增长 19.78%。年末城镇登记失业率 3.01%,低于 2010 年的 0.19 个百分点。

2. 女性专业技术人员比例有所提高

2013 年,全省公有制经济企事业单位高级专业技术人员为 13.57 万人,比上年增加 1.26 万人,其中,女性为 5.61 万人,比上年增加 8098 人,占 41.31%,超过《规划》中要求的 35%以上的目标值。其中,女性企业高级专业技术人员为 1724 人,比上年增加 190 人,增长 12.39 个百分点。女性事业高级专业技术人员 5.43 万人,比上年增加 7908 人,增长 17.04 个百分点。

(四)妇女与决策管理

1. 女干部配备率稳步提升

2013 年,市级政府、人大、政协领导班子中配有女干部的班子比例均为 100%;省、市、县三级党政工作部门领导班子配有女干部的班子比例分别为 58.18%、57.29%和 57.74%,全面达到并超过《规划》提出的各项目标。其中,市级党委领导班子中配有女干部的班子比例由 2010 年的 72.73%提高到 90.91%,提高 18.18 个百分点。县(市、区)党委和政府领导班子中配有女干部的班子比例分别是 92.22%和 98.89%,比 2010 年提高 13.70 和 3.66 个百分点。

2. 女性后备干部人数逐步增加

2013年，全省女公务员为7.72万人，比上年增加3351人，比2010年增加1.36万人，增长21.41%；女性占全部公务员的24.23%，比2010年提高1.83个百分点。市、县后备干部中女干部比例分别为27.83%和32.94%，比上年提高2.09和1.49个百分点，超过《规划》提出的不少于15%和20%的目标要求。

3. 女性积极参与基层民主管理

2013年，全省基层单位的村委员会成员中女性比例为28.79%，比2010年提高6.65个百分点；居民委员会成员中女性比例50.7%，比上年提高0.71个百分点。村民代表会议组成人员中女性村民代表比例为36.22%，超过《规划》提出的33%以上目标要求。全省执行了《女职工劳动保护特别规定》的企业比重为77.09%，比上年提高7.46个百分点。

（五）妇女与社会保障

1. 女性参加各项保险人数显著增加

2013年，全省参加城镇职工基本养老保险、城镇职工基本医疗保险、工伤、失业、生育等社会保险的女性人数分别为1089.14万人、851.04万人、705.03万人、501.39万人和514.95万人，与2010年相比，分别增加467.24万人、359.94万人、166.03万人、181.69万人和208.85万人，增长75.13%、73.29%、30.8%、56.83%和68.23%。

2. 女性社会生活保障逐步提高

2013年，全省城乡居民最低生活保障人数62.32万人，其中，女性21.91万人，占35.16%。城乡居民最低生活保障标准水平达到每人每月526.34元和406.39元，比2010年每人每月提高149.65元和161.19元，同比分别增长39.73%和65.74%。农村低保标准达到城市标准的77.2%，同比缩小3.8个百分点，城乡保障差距进一步缩小，实现城乡低保标准全国最高、补差比例最大、城乡差距最小的目标。

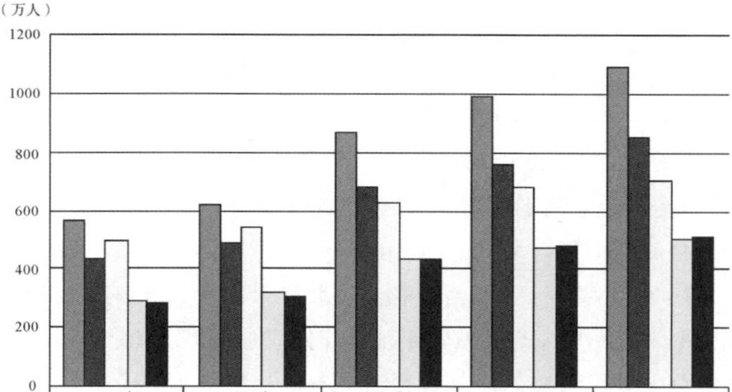

	2009年	2010年	2011年	2012年	2013年
城镇女职工基本养老保险	570	622	871	991	1089
城镇女职工基本医疗保险	438	491	687	758	851
城镇女性参加工伤保险	497	539	630	677	705
城镇女性参加失业保险	293	320	437	475	501
城镇女性参加生育保险	280	306	434	481	515

图 2　女性五大保险参保人数变化图

(六)妇女与法律保护

1. 妇女法律援助成效明显

2013 年,全省建立劳动保护监督检查委员会和工会劳动法律监督组织 8.84 万个和 6.9 万个,比 2010 年分别增加 3.98 万个和 2.39 万个,增长 81.95%和 53.01%。建立法律援助中心 103 家,法律援助案件受援人数 8.49 万人,比 2010 年增加 3.77 万人,增长 79.87%;其中,妇女人数为 2.19 万人,比 2010 年增加 7597 人,增长 53.09%。办理各类涉及妇女权益的来人、来电、来信法律咨询 49324 人次。

2. 妇女权益保护力度加大

2013 年,全省破获强奸案件 850 起,破获拐卖妇女案件 9 起,破获组织、强迫、引诱、容留和介绍妇女卖淫案件 1218 起。家庭暴力伤情鉴定机构 45 个,受救助(庇护)所救助人数 200 人。妇女维权站覆盖率 96.19%,比上年提高 2.19 个百分点,超过《规划》提出 90%以上的目标要求。“12338”妇女维权热线覆盖率 100%,提前达到《规划》要求。

（七）妇女与环境优化

1. 社会环境不断改善

2013年，设市城市建城区绿化覆盖面积11.65万公顷，人均公园绿地面积12.35平方米，城市绿化覆盖率39.88%，比2010年提高1.58个百分点。城市污水处理率88.57%、城市生活垃圾无害化处理率99.4%、农村自来水普及率95.68%、农村卫生厕所普及率93.17%，与2010年比较，分别提高5.83、1.11、2.39和4.24个百分点。农村集中式供水受益人口比例97.5%，比2011年提高1个百分点。全省社区服务中心（站）1.28万个，比2010年增加9640个，增长3.04倍，其中，农村村级社区服务中心占有率86.64%，比上年提高3.49个百分点。基层组织中持有证书的专业社会工作者人数2118人，比2011年增加1256人，增长1.46倍。

2. 人文环境逐步优化

2013年，我省努力打造村落30分钟文化圈和社区15分钟文化圈，全省共建成农村文化礼堂1337家，村级文化活动室覆盖率达97.8%，基本实现省、市、县、乡、村五级文化设施网络全覆盖。文明家庭户数882.31万户，比2011年增加66.74万户，增长8.18个百分点。文明家庭创建达标率为54.59%，比上年增加4.59个百分点，超过《规划》的目标要求。妇联基层组织3.40万个，建立妇女活动场所的县（市、区）比例为63.33%，比2011年提高28.89个百分点，是《规划》目标值的1.11倍。

二、存在的主要问题

（一）个别监测指标连续几年没有数据

城镇女职工医疗参保率、女性新型合作医疗参保率、妇女经常参加体育锻炼的人数比例等没有指标数据支撑，无法为政府相关部门制定政策提供依据。

(二)女性企业经营管理参与程度比例偏低

2013年,全省职工代表人数207.70万人,其中女性71.26万人,占34.31%,比2011年下降2.88个百分点;企业董事会中女性比例和企业监事会中女性比例为35.25%和34.07%,比2011年分别下降5.17和7.03个百分点;参与企业经营管理的女性均未过半数,参与程度整体偏低。

(三)农村基层组织女性参政程度有所下降

从监测数据发展趋势看,个别规划目标实现难度还是很大。2013年,村委会主任女性占比为2.89%,比上年下降4.49个百分点,比2010年下降3.26个百分点,与《规划》目标值10%以上仍有较大差距,呈背离走势,为此应引起政府相关部门的高度重视。

三、对策与建议

为巩固提高新《规划》实施以来的成果,确保新一轮监测统计工作顺利完成,促进各项目标早日实现,我们提出以下建议。

(一)加强源头数据收集,控制指标缺口

各级政府要认真履行职责,加强督导检查;各有关部门要针对《中国妇女发展纲要》提出的部分目标采取有效措施,解决指标缺口的问题。一方面疏通数据来源渠道,对难点指标做好重点调研、对应调查,采取行之有效的方式获取数据;另一方面加强数据质量监控,把好源头质量关。

(二)落实政策,推动女职工参与企业经营管理

深化企业人事制度改革,以公开、透明、择优的选拔原则,通过组织推荐、公开招聘、民主选举、竞争上岗等方式,选拔更多的中高

层次女性管理人才，不断提高国有企业董事会、监事会成员和管理人员中的女性比例。

（三）拓宽渠道，加大推进基层女干部培养选拔力度

开拓女性管理人才交流渠道，强化竞争机制，调动基层妇女参与基层民主管理的积极性、主动性，提升女性综合素质，大胆使用优秀女性人才，并将她们任用到重要领导岗位，提升基层女性参与基层民主管理的总体水平。

社科处　郑燕红

第五章　2013 年度浙江省儿童发展规划统计监测报告

《浙江省儿童发展规划(2011—2015 年)》(以下简称《儿童规划》)发布实施三年来,为更好地贯彻落实“儿童优先”原则,在省委省政府的高度重视下,省妇儿工委各成员单位紧紧围绕《儿童规划》目标,采取了大量行之有效的措施,使全省儿童事业各项目标稳步推进,规划进展顺利。

为全面反映我省《儿童规划》实施三年来的进展情况,我们在各成员单位提供的统计监测资料基础上进行综合整理分析,完成了 2013 年度儿童发展监测统计报告。

一、《儿童规划》实施进展情况

儿童发展规划涉及 5 个领域。从监测结果上分析,我省的儿童事业发展平稳,多数指标数据均比上年有所提高。

(一)儿童与健康

1. 各项死亡率持续下降

2013 年,全省婴儿死亡率和 5 岁以下儿童死亡率均低于《儿童规划》要求,也大大低于全国平均水平,在全国处于领先地位。婴儿死亡率 4.09‰,其中,城市 3.26‰,农村 4.61‰,比 2010 年分别下降 1.97 个千分点、0.97 个千分点和 2.27 个千分点。5 岁以下儿童死亡率 5.87‰,其中,城市 4.44‰,农村 6.85‰,比 2010 年分别下降 2.33 个千分点、1.62 个千分点和 2.5 个千分点。18 岁以下儿童伤害死亡率由 2011 年的 15.98/10 万下降到 2013 年的 12.27/10 万，下降 3.71/10 万。

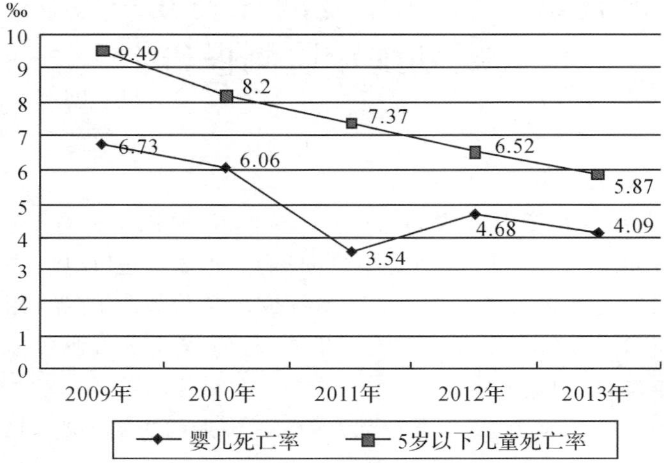

图 1　婴儿和 5 岁以下儿童死亡率变化图

2. 计划免疫保持较高水平

2013 年，纳入国家免疫规划的 8 苗接种率，持续保持在 99.50%以上。儿童计划免疫已全面达到并超过《儿童规划》提出的各项目标，有效减少了儿童传染疾病的发生，保障了儿童健康成长。

表 1　儿童疫苗接种率(%)

指标名称	2010 年	2011 年	2012 年	2013 年
卡介苗	99.75	99.83	99.84	99.84
脊灰疫苗	99.67	99.71	99.73	99.75
百白破疫苗	99.55	99.68	99.68	99.73
含麻疹成分疫苗	99.87	99.80	99.81	99.86
乙肝疫苗	99.67	99.77	99.77	99.78

续 表

指标名称	2010 年	2011 年	2012 年	2013 年
甲肝疫苗	98.73	99.52	99.61	99.65
乙脑疫苗	99.37	99.64	99.66	99.68
流脑疫苗	99.45	99.56	99.61	99.66

3. 儿童健康状况逐步改善

2013 年，全省婴幼儿家长科学喂养知识普及率为 98.94%，比《儿童规划》目标值高出 13.94 个百分点。0—6 个月婴儿母乳喂养率为 89.86%，比 2010 年提高 2.47 个百分点；其中，6 个月婴儿纯母乳喂养率为 66.38%，比 2010 年提高 5.5 个百分点。严重致残出生缺陷发生率由 2011 年的 238.54/万下降到 2013 年的 234/万。低体重发生率为 2.98%，达到并超过《儿童规划》提出的控制在 4%以下的目标值。儿童营养状况逐步改善，5 岁以下儿童中、重度贫血患病率和 5 岁以下儿童中、重度营养不良患病率为 0.29%和 0.54%，分别比 2010 年下降 0.23 和 0.12 个百分点。托幼机构卫生保健合格率为 97.19%，比《儿童规划》目标值提高 12.19 个百分点。

4. 儿童保健水平不断提高

2013 年，全省 3 岁以下儿童系统管理率和 7 岁以下儿童系统管理率为 96.07%和 97.06%，分别比 2010 年提高 1.74 和 1.22 个百分点，高于《儿童规划》目标值 6.07 和 7.06 个百分点。新生儿疾病筛查覆盖率保持在 100%，其中，新生儿疾病筛查率和新生儿听力筛查率为 99.61%和 99.48%，分别比《儿童规划》目标值提高 9.61 和 14.48 个百分点。新生儿访视率 98.94%，比 2010 年提高 1.23 个百分点。

（二）儿童与教育

1. 学前教育发展较快

2013 年，全省积极推进实施《学前教育三年行动计划》，宣传

《3—6岁儿童学习发展指南》，修订《幼儿园等级标准》和《幼儿园等级评定办法》。全省有幼儿园9209所，在园幼儿186.88万人，比2010年增加3.83万人；其中，城市公办幼儿园数774个，比2010增加227个，提高41.5个百分点。幼儿园专任教师11.03万人，比2010年增加1.52万人；幼儿教师学历合格率为99%，比上年提高0.4个百分点。学前三年入园率为97.6%，比2010年提高2.6个百分点，提前达到并高于《儿童规划》目标值的1.6个百分点。等级幼儿园覆盖率87.11%，比2010年提高16.9个百分点。

2. 义务教育均衡发展

2013年，印发《关于深入推进义务教育高水平均衡发展的实施意见》，编印《浙江区域推进义务教育均衡发展的实践和做法》，有力地保证和促进我省义务教育高水平均衡发展。义务教育阶段学校校均办学规模，小学由上年的901人提高到938人，比上年增加37人；6个班以下小规模学校（教学点）由上年的220所减少到210所；班均规模由上年的42.5人减少到41.7人。初中由上年的886人减少到861人，同比减少25人；6个班以下学校36所，班均规模由上年的42.4减少到41.1人。小学适龄儿童净入学率99.99%；小学五年巩固率为100%；初中三年巩固率为99.99%；九年义务教育巩固率为99.99%，达到《儿童规划》目标要求。初中毕业生年升学率为98.5%，比2010年提高0.52个百分点。高中阶段毛入学率为94.5%，比2010年提高2个百分点，接近《儿童规划》目标。标准化中小学比例为55.2%，比2011年提高32.97个百分点，但距离《儿童规划》85%以上的目标，还存在较大差距。

3. 特殊教育稳步推进

特殊教育是教育的一个重要组成部分，它的发展对提升社会的文明程度、减轻家庭和社会的负担、提高特殊需要人群的素质、促进国家教育水平的不断提高都有着积极的意义。我省经多部门协调，已将儿童福利机构纳入特殊教育体系。2013年，杭州、温州、衢州、湖州、金华等五市的儿童福利机构设立了特殊教育学校。全省共有特殊教育学校82所，比2010年增加15所；特教学校在校生数1.63万人，比2010年增加3317人，提高25.5个百分点。特殊教育专任教师数达到2038人，比2010年增加452人。

4. 家庭教育持续提高

2013年，全省已创建省级示范家长学校223所，比上年增加197所，增长7.58倍，是《儿童规划》目标值的1.23倍。家长学校27404个，比2011年增加8186个，增长42.6%；培训204.67万人次，比上年增加77.5万人次，增长60.94%。城市社区建立家长学校比例86.34%，达到并超过《儿童规划》目标值的6.34个百分点。行政村建立家长学校比例59.76%，接近《儿童规划》60%以上的目标要求。中小学校家长学校办学率和幼儿园家长学校办学率为95.91%和90.19%，分别达到并超过《儿童规划》目标要求的10.91个百分点和5.19个百分点。

（三）儿童与福利

1. 儿童福利制度建设不断完善

2013年，全省开展建立"分层次、分类型、分标准、分区域"的普惠型儿童福利制度。7月份，成功召开民政部全国适度普惠型儿童福利制度建设试点工作推进会，我省三地试点工作均受到了民政部领导的高度肯定。积极探索建立困境儿童基本生活保障制度，目前，台州、绍兴、湖州、海宁、江山等地已经建立了困境儿童基本生活保障制度。推动城乡社区儿童福利督导制度建设，建立"城乡四级"一体化儿童福利服务体系，全省已有66个地方建立儿童福利指导中心或儿童福利督导制度。其中，23个市、县（市、区）经当地编办批准建立儿童福利指导中心，22个市、县（市、区）民政局发文设立儿童福利指导中心。

2. 儿童福利机构建设不断提升

2013年，全省儿童福利机构建设在硬件、软件两方面下功夫，在加强设施建设的同时,努力增强机构功能。现有儿童福利机构68家,全省儿童用房总面积13.9万平方米,床位4100多张,共有儿童福利机构工作人员1100余名。建立了孤残儿童护理员职业鉴定站,设立两个孤残儿童护理员培训基地,举办4期培训,近200名护理员参训。2013年,全省完成“明天计划”手术126例,完成“抢救性康复”150例。开展残疾儿童康复的残疾人康复服务机构为60个,共有3129名残疾儿童接受康复训练和服务,比2010年增加601人,增长23.77%。残疾儿童抢救性康复项目3057人,比2010年增加1837人,增长1.51倍。2013年,全省建立7家省级脑瘫康复训练基地,编写《儿童福利研究》内刊,成立浙江省儿童福利协会,成为全国首家儿童福利方面的专业协会,使全省儿童福利机构有了交流合作的平台。

(四)儿童与法律

1. 儿童权益得到有效保障

2013年,出台《关于加强未成年人法律援助工作的意见》。未成年人法律援助案件14766件,占17.39%,比2010年增加9023件,提高1.57倍;办理各类涉及儿童权益的来人、来电、来信法律咨询19663人次;社区儿童维权机构覆盖率100%和县(市、区)“12355”青少年服务台基层工作站覆盖率均为100%,提前达到《儿童规划》目标值要求,使青少年的合法权益得到有效维护。未成年人罪犯占罪犯人数的比重由2010年的6.63%下降到4.84%,下降1.79个百分点。

2. 法制宣传教育力度加大

2013年,全省启动“法在心中”青少年主题法制宣传活动,有12万余名中小学生参加了全省青少年法律知识竞赛。举行“教育部青少年法制教育基地试点合作学校”挂牌仪式,标志着全国第一家“教育部青少年法制教育基地试点合作学校”在杭落户。全省中小学法制副校长人数7434人,比上年增加1364人,增长22.47%。

中小学生普法教育率和中小学法制副校长配备率均达到100%，全部提前达到《儿童规划》要求。

（五）儿童与环境

1. 儿童生存环境保障有效

2013年，依据《浙江省重点产品质量预警实施方案》，先后对儿童服装、玩具、儿童用品等产品质量开展省级定期监督抽查。颁布实施《大型游乐设施维护保养规则》，组织开展"蓝剑系列省级专项执法行动"，共出动执法人员5710余人次，检查企业1352家，执法抽样218批次，立案查处各类质量违法案件54件，切实保障少年儿童的人身及消费安全。为加强全省网络文化市场监管，净化儿童上网环境，共检查网吧73178家次，受理举报（督办）712件，立案2328件，结案2333件，警告2237家次，罚款737.28万元，停业整顿79家次，吊销许可证2家次，使儿童的生存环境得到了较好保障。

2. 儿童文化服务不断丰富

2013年，成功举办"第九届浙江省未成年人读书节"，以"绿色悦读·七彩童年"为主题，组织各地开展各类活动600多场次。全省拥有文化馆（站）1432个，博物馆103个，拥有公共图书馆98个，总藏量为5165万册，比2010年增加1404万册，增长37.33%。公共图书馆少儿文献549.78万册，比2011年增加141.95万册，增长34.81%。未成年人参观博物馆、科技馆人数分别为1017.43万人次和74.97万人次，比2011年增加202.68万人次和44.97万人次，增长24.88%和1.5倍。全年播出少儿广播、电视和动画等儿童节目时间分别为13980小时35分、21451小时13分和17236小时23分。出版发行各类少儿图书和少儿期刊总印数达到5179万册和3009万册，比上年增加601.4万册和1283.9万册，增长13.14%和74.42%；儿童音像制品40.4万盘，比上年增加18.4万盘，增长83.64%，为少儿成长提供了丰富的精神食粮。

3. 儿童成长环境继续优化

全省建立儿童中心(或儿童之家)2.39万个,比2011年增加1.63万个,增长2.16倍。建立雏鹰争章体验基地782个,比2011年增加132个,增长20.31%,是《儿童规划》目标值的7.82倍。少先队员参加雏鹰争章活动率为95.11%,比2011年提高6.2个百分点;其中,城市97.93%,农村90.86%,分别提高2.81和6.2个百分点,全部提前达到《儿童规划》目标值的要求,城乡差距由2011年的10.46个百分点缩小到2013年的7.07个百分点。

二、存在的主要问题

1. 儿童事业发展不均衡

近年来,我省加大了对农村、边远山区和经济欠发达地区实施规划的政策支持和扶持力度,并取得了较大的进展,但因受区域经济、社会发展水平等多种因素的影响和制约,部分地区儿童的教育、卫生和发展环境相对薄弱,结构性矛盾仍然比较突出。经济发达地区和经济欠发达地区,城市与农村之间,差距较为显著。如城市公办幼儿园虽然在逐年增多,但同时,农村公办幼儿园却由2010年的775所下降到2013年的662所,减少了113所。因此,要全面提高全省儿童事业发展水平依然需要全社会的共同努力和关心。

2. 儿童身体素质值得关注

儿童是国家的未来、民族的希望,是社会可持续发展的人力资源,提高儿童的身体素质是刻不容缓的。在《儿童规划》中幼儿体质抽样检测和中小学生《国家学生体质健康标准》达标率这两项指标还未开展,无相关监测数据。中小学生超重、肥胖发生率由2010年的10.88%上升到2013年的11.36%,儿童视力不良率、幼儿园儿童龋齿发病率等也与目标值呈背离走势,有持续上升趋势,严重影响青少年儿童的健康成长,应引起社会和有关部门的注意。

三、对策与建议

为巩固提高新《儿童规划》实施以来的成果，确保新一轮监测统计工作顺利完成，促进各项目标早日实现，提出以下建议。

1. 营造儿童事业发展的良好氛围

各级政府及有关部门要从关心国家和民族未来的角度，真正解决涉及儿童事业迫切需要解决的重点、难点问题，进一步加大对经济欠发达地区政策倾斜力度，努力改善农村、山区等边远贫困地区的教学设施建设，不断提高师资队伍水平，努力实现教育的均衡化发展，缩小城乡差距。深入推进中小学现代远程教育工程，提高农村教育信息化水平，以保障所有儿童公平接受教育。

2. 提高儿童身心健康素养水平

加强儿童健康的宣传教育，提高儿童整体素质，促进儿童健康成长对构建社会主义和谐社会有着深远意义。积极开展有利于幼儿健康的群众性体育组织，推动幼儿体育活动的进程，及时了解和掌握幼儿体质状况，全面实施国家学生体质健康标准，建立学生健康档案。加强对儿童健康指导和干预，合理膳食、体育锻炼，宣传健康知识，养成良好的生活习惯，充分发挥大众媒体的作用，开辟和健全多层次、多形式、全方位的健康教育网络和传播途径，以有效预防和控制儿童疾病的发生，提高儿童健康水平和身体素质。

社科处　郑燕红

第六章 2013 年度浙江省工业强县(市、区)综合评价报告

根据“干好一三五，实现四翻番”的要求，为了深入贯彻省委、省政府关于建设工业强省的战略部署，加快推进工业转型升级，监测、评价工业强县(市、区)建设的进程和效果，根据《浙江省人民政府办公厅关于转发省经信委省统计局关于浙江省工业强县(市、区)综合评价办法(试行)的通知》(浙政办发〔2012〕157 号)，省经信委、省统计局联合组织了 2013 年度工业强县(市、区)综合评价工作。现将评价结果分析如下。

一、工业强省建设的进展情况

2013 年，面对复杂严峻的经济形势，全省工业和信息化战线紧紧围绕建设工业强省的战略目标，以稳增长、调结构、促转型为重点，着力打好转型升级“组合拳”，工业强省建设取得积极成效。

(一)质量效益稳步提升

2013 年，全省工业规模不断扩大，实现工业增加值 16368 亿元，扣除价格因素比上年增长 8.7%；人均工业增加值由 2012 年的 2.8 万元提高到 3.0 万元。工业固定资产投资 7025 亿元，占主营业务收入的比例由 2012 年的 10.5%提高到 11.5%。同期，质量效益各项指标明显趋好。2013 年，规模以上工业增加值率由 2012 年的 18.3%提高到 19.3%，提高 1.0 个百分点；主营业务收入利润率由 2012 年的 5.4%提高到 5.8%，提高 0.4 个百分点；全

员劳动生产率由2012年的15.1万元/人提高到16.9万元/人，扣除价格因素后提高9.9%。

(二)创新能力稳步提高

2013年，规模以上工业R&D经费支出684亿元，占主营业务收入的比重为1.1%，比2012年提高0.1个百分点；每百个规模以上工业企业拥有研发机构数20.9个，比2012年增加0.3个；每万人拥有工业有效发明专利授权数4.1件，比2012年增加0.4件。规模以上工业企业实现新产品产值15854亿元，新产品产值率25.2%，比2012年提高2.2个百分点。

(三)结构优化稳步推进

2013年，全省规模以上工业中，战略性新兴产业和高新技术产业增加值占规模以上工业的比重分别由2012年的23.9%和24.9%提高到24.6%和34.4%；装备制造业增加值占规模以上工业的比重为34.8%，与2012年基本持平。其中，反映工业产品质量水平和国际竞争力的重要指标——规模以上工业企业主导产品采标率大幅提高，由2012年的46.3%提高到53.6%。

(四)单位资源占用产出有所增加

2013年，规模以上工业单位工业用地增加值85.8万元/亩，扣除价格因素同比提高12.6%；规模以上工业单位能耗工业增加值1.2万元/吨标准煤，同比提高9.9%；单位水耗工业增加值278.6元/立方米，同比提高12.3%。

表1　2013年浙江省工业强省主要指标完成情况

指标名称	指标值		完成程度(%)	
	2013年	2012年	2013年	2012年
人均工业增加值(万元)	3.0	2.8	54.7	51.2

续 表

指 标 名 称	指标值		完成程度(%)	
	2013年	2012年	2013年	2012年
工业固定资产投资与主营业务收入的比例(%)	11.5	10.5	95.5	87.6
规模以上工业增加值率(%)	19.3	18.3	64.4	61.1
规模以上工业主营业务收入利润率(%)	5.8	5.4	58.1	54.0
规模以上工业全员劳动生产率(万元/人)	16.9	15.1	48.3	43.1
规模以上工业R&D经费支出占主营业务收入的比例(%)	1.1	1.0	55.8	51.0
每百个规模以上工业企业研发机构数(个)	20.9	20.6	46.5	45.8
每万人拥有工业有效发明专利授权数(个)	4.1	3.7	69.1	61.7
规模以上工业新产品产值率(%)	25.2	23.0	71.9	65.7
主导产业工业增加值占规模以上工业增加值的比重(%)	25.3	25.1	42.2	41.8
战略性新兴产业增加值占规模以上工业增加值的比重(%)	24.6	23.9	61.4	59.9
高新技术产业增加值占规模以上工业增加值的比重(%)	34.4	24.9	86.1	62.3
装备制造业增加值占规模以上工业增加值的比重(%)	34.8	35.2	77.3	78.2
规模以上工业企业主导产品采标率(%)	53.6	46.3	89.3	77.2
信息化指数	0.86	0.83	47.9	45.9

续　表

指　标　名　称	指标值		完成程度(%)	
	2013 年	2012 年	2013 年	2012 年
企业“两化”融合应用指数	0.787	—	78.7	—
规模以上工业单位工业用地增加值(万元/亩)	85.8	77.6	42.9	38.8
规模以上工业单位能耗工业增加值(万元/吨标准煤)	1.2	1.1	30.0	27.8
单位水耗工业增加值(元/立方米)	278.6	252.5	69.7	63.1

二、工业强县(市、区)建设的进展情况

根据《浙江省人民政府办公厅关于转发省经信委省统计局关于浙江省工业强县(市、区)综合评价办法(试行)的通知》(浙政办发〔2012〕157 号),对 90 个工业强县(市、区)进行了综合评价。

(一)各县(市、区)工业创强的总体水平进一步提高

根据评价结果,2013 年工业强县(市、区)综合评价结果较 2012 年总体上有较大程度的提高,且各县(市、区)评价总得分区间分布情况得到明显改善。2013 年,90 个县(市、区)简单平均的综合评价得分为 44.4 分,比 2012 年提高 3.5 分。90 个县(市、区)中,81 个县(市、区)综合评价得分比 2012 年有不同程度提高,占比达 90%。其中,提高 5 分以上、3—5 分的县(市、区)分别达 22 个、27 个。90 个县(市、区)中综合评价得分超过 60 分的县(市、区)达 8 个,除滨江区、鄞州区、萧山区和慈溪市外,新增诸暨市、乐清市、上虞区和余姚市;综合评价得分在 50—60 分的县(市、区)有 14 个,比 2012 年增加 4 个;综合评价得分在 40—50 分的县(市、区)有 36 个,比 2012 年增加 10 个;综合评价得分在 30—40 分的

县(市、区)有24个,比2012年减少14个;综合评价得分在30分以下的县(市、区)8个,比2012年减少4个。

表2 2012—2013年90个县(市、区)综合评价得分比较

综合评价得分区间	县(市、区)数量		
	2013年度	2012年度	两年比较
得分超过60分	8	4	增加4个
得分超过50分	22	14	增加8个
得分超过40分	58	40	增加18个
得分超过30分	82	78	增加4个
得分低于30分	8	12	减少4个

(二)工业转型升级步伐进一步加快

2013年,工业强县(市、区)综合评价涉及的质量效益、自主创新、结构调整、“两化”融合和绿色发展等5个一级指标得分呈同步提升态势,平均得分分别为45.7、39.1、52.0、50.8和37.1分,比2012年分别提高3.0、2.4、4.7、5.1和3.4分,说明各县(市、区)工业发展加快由注重总量规模扩张向注重质量效益转变,自主创新能力进一步增强,工业化和信息化向更高层次深度融合,产业结构优化升级步伐加快,资源要素利用效率明显提高,工业在做大中不断做强的趋势进一步显现。从总量规模看,规模以上工业总产值超1000亿元的县(市、区)有17个,新增长兴县;超500亿元的县(市、区)有39个,新增新昌县。

从单项指标得分看,除企业“两化”融合应用指数新纳入无法进行比较外,其余18个二级指标中有15个指标的实现程度均值比2012年有不同幅度的提高。其中,提高最快的3个二级指标分别是:高新技术产业增加值占规模以上工业增加值的比重、规模以上制造业主导产品采标率、规模以上工业全员劳动生产率。

表 3　2012—2013 年 19 个二级指标实现程度均值比较

序号	指标名称	2012 年	2013 年	提高幅度
1	人均工业增加值	44.7	47.7	3.0
2	工业固定资产投资与主营业务收入的比例	83.6	86.0	2.4
3	规模以上工业增加值率	65.0	67.5	2.5
4	规模以上工业主营业务收入利润率	57.1	58.4	1.3
5	规模以上工业全员劳动生产率	45.8	50.9	5.1
6	规模以上工业 R&D 经费支出占主营业务收入的比例	52.1	57.0	4.9
7	每百个规模以上工业企业研发机构数	44.7	44.3	−0.4
8	每万人拥有工业有效发明专利授权数	45.0	47.4	2.4
9	规模以上工业新产品产值率	59.6	62.6	3.1
10	主导产业工业增加值占规模以上工业增加值的比重	86.4	86.4	0.0
11	战略性新兴产业增加值占规模以上工业增加值的比重	58.6	58.6	0.0
12	高新技术产业增加值占规模以上工业增加值的比重	51.2	71.8	20.6
13	装备制造业增加值占规模以上工业增加值的比重	64.9	65.4	0.6
14	规模以上工业企业主导产品采标率	71.1	80.1	9.0
15	信息化指数	45.7	46.9	1.2
16	企业“两化”融合应用指数	—	54.7	—
17	规模以上工业单位工业用地增加值	41.1	44.7	3.6
18	规模以上工业单位能耗工业增加值	41.9	44.4	2.5
19	单位水耗工业增加值	64.6	69.6	5.0

（三）工业强县（市、区）试点示范带动作用进一步增强

第Ⅰ档（2011年规上工业总产值1000亿元以上）县（市、区）综合评价平均得分60.6分，比2012年提高6.0分；第Ⅱ档（2011年规上工业总产值500亿—1000亿元）县（市、区）综合评价平均得分为49.3分，比2012年提高4.0分；第Ⅲ档（2011年规上工业总产值500亿元以下）县（市、区）综合评价平均得分为39.0分，比2012年提高2.8分。其中，20个工业强县（市、区）试点综合评价平均得分和5个一级指标平均得分都明显高于其他70个非试点县（市、区），示范带动作用进一步增强。2013年，20个省级工业强县（市、区）试点平均得分为56.6分，较2012年高5.0分，提高幅度比70个非试点县（市、区）高出2.5分。

表4　2013年综合评价各档得分均值比较表

档　次	规模效益	自主创新	结构调整	“两化”融合	绿色发展	综合评价得分
Ⅰ档（2011年规上工业总产值1000亿元以上）	63.4	60.5	71.1	57.8	47.4	60.6
Ⅱ档（2011年规上工业总产值500亿—1000亿元）	51.1	45.2	58.0	55.2	39.1	49.3
Ⅲ档（2011年规上工业总产值500亿元以下）	39.7	32.0	45.5	47.7	33.9	39.0

三、工业强县（市、区）建设的问题分析

从2012年度、2013年度工业强县（市、区）综合评价结果看，当前我省工业化发展方式尚未得到根本扭转，做强工业、发展现代工业，加快转型升级，依然任重道远。

(一)做强工业的步伐还有待加快

个别县(市、区)综合评价得分过低、县(市、区)之间得分差距过大问题没有明显改善。除少数县(市、区)属于重点生态功能区,不宜大规模发展工业外,我省仍有相当比例县(市、区)工业经济基础不够扎实,发展水平不够高。全省还有半数以上县(市、区)规模以上工业总产值低于500亿元;有32个县(市、区)综合评价得分低于40分,占1/3以上。按近两年的得分提升速度,采用趋势外推法测算,到2020年,90个县(市、区)综合评价平均仅达70分左右,实现既定目标的难度不小,工业强省、工业强县(市、区)建设步伐还需加快。

(二)产业结构调整力度还有待加大

尽管2012年度、2013年度5个一级指标中结构调整指标平均得分最高、提升幅度也较大,但2013年高新技术产业统计范围的调整和制造业主导产品采标核查力度的加强是该项指标得分提高较快的主要影响因素之一。同期,战略性新兴产业和装备制造业增加值占规模以上工业增加值的比重这两个指标的实现程度均值提升幅度较小。2013年,90个县(市、区)中,战略性新兴产业增加值比重高于30%的县(市、区)只有24个,低于20%的县(市、区)还有38个。

(三)工业发展方式还有待加速转变

2012年度、2013年度评价中自主创新和绿色发展2个一级指标得分明显偏低,平均得分不足40分,说明我省工业发展方式尚未根本转变,制约工业做强的深层次矛盾仍然突出。2013年,90个县(市、区)中,R&D经费占规模以上工业主营业务收入的比例低于2%的还有87个,低于1.2%的有51个,低于0.8%的有23个。此外,企业研发机构数、发明专利数、单位工业用地产出、单位能耗产出等数据与做强工业的目标要求相比还有较大差距。如何提高自主创新能力和资源要素产出效率，将是今后提高工业增长质量和效益的关键所在。

工业是浙江实体经济的主体，是浙江经济社会发展的主动力，是“建设美丽浙江、创造美好生活”的关键和支撑。从评价结果看，尽管近年来工业强县（市、区）建设取得明显进展，但是过度依赖资源投入、“以量取胜”的粗放式传统工业化发展方式尚未真正扭转。下一步，各地要深入贯彻落实省委、省政府“五水共治”“四换三名”的决策部署，坚定工业创强和发展现代工业的信心和决心，继续深化工业强县（市、区）建设，大力推进改革创新，加快推进工业转型升级和工业强省建设，全面提升浙江工业的综合竞争力和可持续发展能力。

工业处　徐　璐

附录

附件 1　2013 年度工业强县(市、区)综合评价结果

县(市、区)	质量效益	自主创新	结构调整	“两化”融合	绿色发展	总得分	总排名
滨江区	81.8	92.7	93.6	84.8	80.5	86.36	1
鄞州区	71.8	84.0	81.9	57.1	74.8	75.39	2
萧山区	82.2	70.5	78.6	61.9	57.0	72.08	3
慈溪市	58.7	86.2	89.3	63.2	48.6	68.74	4
诸暨市	71.0	61.0	68.9	52.4	63.1	65.13	5
乐清市	57.8	40.0	92.4	52.2	75.4	64.13	6
上虞区	62.3	63.1	81.7	51.1	41.6	61.10	7
余姚市	54.1	77.0	73.1	59.7	42.4	60.69	8
北仑区	74.7	50.5	68.9	63.3	34.5	59.51	9
新昌县	54.4	68.0	71.6	50.0	50.1	59.23	10
余杭区	51.1	60.0	78.6	61.1	40.0	57.16	11
海宁市	56.3	63.0	63.6	59.1	39.9	56.11	12
上城区	73.8	25.9	24.3	64.6	84.5	55.53	13
海盐县	67.5	44.8	66.2	50.8	37.2	54.97	14
柯桥区	73.9	43.5	46.1	56.3	40.0	53.70	15
永康市	54.4	47.2	62.9	53.5	48.3	53.34	16
镇海区	69.3	38.5	47.2	58.3	46.3	53.05	17
桐乡市	50.6	56.6	64.9	55.8	35.8	52.21	18
温岭市	44.7	43.2	71.6	53.2	51.9	52.09	19
宁海县	53.2	57.9	45.6	57.7	43.9	51.20	20
临安市	44.8	52.6	74.6	63.6	25.1	50.23	21
瑞安市	44.9	42.4	63.5	49.2	52.4	50.06	22

续 表

县(市、区)	质量效益	自主创新	结构调整	“两化”融合	绿色发展	总得分	总排名
平湖市	56.7	42.8	61.0	55.2	33.0	49.87	23
玉环县	49.4	48.6	50.3	50.2	50.6	49.77	24
富阳市	53.7	53.7	60.4	57.3	24.2	49.52	25
长兴县	54.6	47.9	65.0	53.9	25.1	49.37	26
西湖区	32.0	49.1	64.1	66.3	51.4	49.15	27
江干区	39.3	44.0	46.0	64.1	58.3	47.88	28
永嘉县	42.9	40.2	46.4	42.1	67.3	47.84	29
龙湾区	52.2	40.7	49.7	51.1	44.3	47.72	30
下城区	35.5	32.0	63.8	65.0	54.8	47.28	31
江东区	56.4	23.1	21.5	63.7	74.3	47.08	32
椒江区	41.3	49.0	68.5	52.0	25.7	46.25	33
嘉善县	45.0	50.4	56.9	47.6	32.0	46.12	34
拱墅区	43.5	34.2	71.2	64.2	26.2	45.77	35
德清县	51.7	43.3	55.0	53.8	25.8	45.71	36
岱山县	51.4	22.5	61.6	39.4	45.9	45.36	37
江北区	27.0	58.4	56.9	63.6	37.3	44.97	38
东阳市	42.2	37.1	67.7	55.9	27.4	44.68	39
南浔区	46.8	47.3	51.8	53.3	26.2	44.45	40
桐庐县	50.1	34.2	53.3	52.0	33.1	44.34	41
南湖区	39.7	52.3	50.7	54.2	31.9	44.33	42
定海区	45.9	29.6	65.8	44.7	34.5	44.23	43
秀洲区	51.0	41.0	50.8	50.6	26.9	44.12	44
青田县	49.2	31.2	43.7	41.4	50.9	44.04	45

续　表

县(市、区)	质量效益	自主创新	结构调整	"两化"融合	绿色发展	总得分	总排名
临海市	42.6	39.9	62.4	47.5	28.4	43.68	46
路桥区	35.0	32.1	69.2	48.0	38.6	43.25	47
嵊州市	35.9	46.6	53.5	53.4	33.9	42.90	48
黄岩区	39.6	39.8	58.3	50.3	28.9	42.31	49
奉化市	30.7	50.2	54.9	49.2	35.4	42.22	50
象山县	40.9	44.8	46.1	49.6	33.5	42.11	51
瓯海区	34.3	33.3	36.8	50.5	63.4	42.04	52
义乌市	48.6	40.1	32.5	51.4	36.6	41.57	53
建德市	51.1	48.0	37.7	54.5	17.9	41.51	54
江山市	52.6	28.6	56.6	46.7	16.9	40.87	55
普陀区	35.7	30.9	59.2	44.4	38.2	40.82	56
吴兴区	41.6	47.3	41.3	48.8	25.4	40.15	57
鹿城区	31.9	37.9	39.0	54.3	48.8	40.13	58
越城区	41.8	27.0	52.2	56.4	29.8	39.97	59
缙云县	46.5	22.7	46.4	42.4	36.6	39.35	60
天台县	39.2	35.2	53.5	45.2	25.3	39.09	61
仙居县	34.1	38.9	53.8	43.4	28.6	38.86	62
安吉县	44.7	33.9	41.6	49.3	26.3	38.68	63
武义县	37.3	39.5	42.4	51.4	27.2	38.16	64
磐安县	29.9	40.8	38.0	50.9	39.4	37.70	65
婺城区	35.5	32.1	57.6	52.9	18.9	37.67	66
开化县	44.3	29.3	45.7	47.0	22.5	37.47	67
洞头县	34.7	36.5	43.4	40.3	30.8	36.56	68

续 表

县(市、区)	质量效益	自主创新	结构调整	“两化”融合	绿色发展	总得分	总排名
庆元县	34.8	28.7	31.3	40.3	44.9	35.46	69
海曙区	36.1	15.0	23.6	58.7	53.0	35.01	70
兰溪市	45.3	21.8	45.1	43.1	17.7	34.83	71
浦江县	38.4	36.7	31.4	43.2	26.5	34.77	72
三门县	33.7	29.2	53.1	40.7	20.4	34.74	73
金东区	30.2	35.8	47.9	46.2	20.4	34.48	74
泰顺县	35.1	29.0	32.7	41.3	31.2	33.25	75
莲都区	40.0	19.6	33.8	42.4	30.3	32.99	76
淳安县	39.3	19.4	33.0	45.8	30.3	32.91	77
平阳县	34.6	19.7	37.0	41.5	34.5	32.77	78
云和县	39.1	19.1	36.6	41.5	24.9	32.00	79
龙游县	46.5	22.0	29.8	44.1	16.3	31.99	80
景宁县	34.7	7.3	39.2	40.7	32.4	30.28	81
衢江区	40.5	13.8	34.1	45.3	19.5	30.16	82
文成县	29.2	27.7	39.2	35.8	17.5	29.23	83
遂昌县	35.7	12.8	41.8	34.3	20.5	29.15	84
柯城区	28.1	16.9	40.9	48.4	19.0	28.66	85
苍南县	30.4	17.8	37.2	41.6	21.3	28.52	86
龙泉市	34.5	8.4	28.9	41.4	30.6	28.05	87
松阳县	35.3	14.9	27.3	34.8	25.0	27.52	88
常山县	37.9	16.4	26.2	39.2	8.6	25.53	89
嵊泗县	30.8	6.7	15.0	33.0	38.3	24.52	90

附件 2　2013 年度工业强县(市、区)综合评价结果分档排名

档　次	县(市、区)	评价得分	分档排名	县(市、区)	评价得分	分档排名
Ⅰ档(规上工业总产值1000 亿元以上)	鄞州区	75.39	1	北仑区	59.51	8
	萧山区	72.08	2	余杭区	57.16	9
	慈溪市	68.74	3	海宁市	56.11	10
	诸暨市	65.13	4	柯桥区	53.70	11
	乐清市	64.13	5	镇海区	53.05	12
	上虞区	61.10	6	桐乡市	52.21	13
	余姚市	60.69	7	富阳市	49.52	14
Ⅱ档(规上工业总产值500 亿—1000 亿元)	滨江区	86.36	1	嘉善县	46.12	10
	上城区	55.53	2	拱墅区	45.77	11
	永康市	53.34	3	德清县	45.71	12
	温岭市	52.09	4	南浔区	44.45	13
	临安市	50.23	5	南湖区	44.33	14
	瑞安市	50.06	6	秀洲区	44.12	15
	平湖市	49.87	7	临海市	43.68	16
	玉环县	49.77	8	义乌市	41.57	17
	长兴县	49.37	9	兰溪市	34.83	18
Ⅲ档(规上工业总产值500 亿元以下)	新昌县	59.23	1	天台县	39.09	30
	海盐县	54.97	2	仙居县	38.86	31
	宁海县	51.20	3	安吉县	38.68	32
	西湖区	49.15	4	武义县	38.16	33
	江干区	47.88	5	磐安县	37.70	34
	永嘉县	47.84	6	婺城区	37.67	35
	龙湾区	47.72	7	开化县	37.47	36

续 表

档 次	县(市、区)	评价得分	分档排名	县(市、区)	评价得分	分档排名
	下城区	47.28	8	洞头县	36.56	37
	江东区	47.08	9	庆元县	35.46	38
	椒江区	46.25	10	海曙区	35.01	39
	岱山县	45.36	11	浦江县	34.77	40
	江北区	44.97	12	三门县	34.74	41
	东阳市	44.68	13	金东区	34.48	42
	桐庐县	44.34	14	泰顺县	33.25	43
	定海区	44.23	15	莲都区	32.99	44
	青田县	44.04	16	淳安县	32.91	45
	路桥区	43.25	17	平阳县	32.77	46
	嵊州市	42.90	18	云和县	32.00	47
	黄岩区	42.31	19	龙游县	31.99	48
	奉化市	42.22	20	景宁县	30.28	49
	象山县	42.11	21	衢江区	30.16	50
	瓯海区	42.04	22	文成县	29.23	51
	建德市	41.51	23	遂昌县	29.15	52
	江山市	40.87	24	柯城区	28.66	53
	普陀区	40.82	25	苍南县	28.52	54
	吴兴区	40.15	26	龙泉市	28.05	55
	鹿城区	40.13	27	松阳县	27.52	56
	越城区	39.97	28	常山县	25.53	57
	缙云县	39.35	29	嵊泗县	24.52	58

注:以2011年为基准年,按规模以上工业总产值将各县(市、区)分为Ⅰ档(1000亿元以上)、Ⅱ档(500亿—1000亿元)、Ⅲ档(500亿元以下)。

第七章　2013年浙江省高新园区发展报告

近年来,浙江省委省政府高度重视高新技术产业开发区和高新技术产业园区建设,先后出台了《浙江省人民政府办公厅关于加快高新技术产业园区转型升级的指导意见》(浙政办发〔2012〕66号)、《浙江省人民政府关于开展创建省级高新技术产业园区工作的通知》(浙政办发〔2012〕94号)等政策措施。2013年5月,省委十三届三次全会出台了《全面实施创新驱动发展战略加快建设创新型省份的决定》,明确提出了创新驱动发展"八倍增,两提高"的战略目标。全省高新园区快速发展,对工业经济发展起到了积极的推动作用。

一、高新园区快速壮大,成为推动全省工业生产增长的重要力量

2013年,全省高新园区内主营业务收入在2000万元及以上的工业(以下简称园区规上工业)企业数量占全省规上工业企业的比重不足一成,但资产、工业总产值、主营业务收入和从业人员数分别占15.1%、13.6%、13.6%和13.8%,高新园区已经初步显示出在全省工业经济上的战略性地位。园区规上工业企业资产总计8997.5亿元,比上年增长8.7%,增幅比全省规上工业高1.6个百分点;工业总产值和主营业务收入分别为8643.7亿元和8429.3亿元,分别增长8.1%和9.6%,增幅比全省规上工业分别高0.9和2.2个百分点。2013年,园区规上工业增加值1640.6亿元,增长11.0%,增速比全省规上工业高2.5个百分点,对全省规上工

业增加值增长的贡献率高达16.8%。高新园区外向度较高，提高了全省工业产品的国际市场占有率。2013年，园区规上工业出口交货值1952.2亿元，出口占全省规上工业的16.8%；出口交货值占销售产值的比重为23.1%，高出全省规上工业4.3个百分点。

二、高新园区创造价值能力进一步凸现

高新园区在生产持续增长，总量不断扩大的同时，创造价值的能力得到较大的提高，企业自身创造的利润、为政府上缴的税收以及为务工人员支付的薪酬都有较快增长。2013年，园区规上企业利润总额576.2亿元，比上年增长16.0%，增幅比全省规上工业的平均水平高0.9个百分点；亏损企业下降1.4%，与全省8.4%的增长形成较大的反差。企业上缴税金为274.9亿元，增长14.8%，增幅较全省平均水平高出6.0个百分点。企业支付的职工薪酬为510.8亿元，增长14.7%，增幅比全省高3.9个百分点。园区规上工业企业利润总额、税金和职工薪酬占全省规上工业的比例分别达到17.0%、12.0%和15.6%。总体来看，高新园区企业获利能力较强，每百元主营业务收入实现利润6.8元，比全省规上工业高出1.3元。高新园区工业企业对全省规上工业主营业务收入和利润增长的贡献率分别为17.5%和17.8%。

表1 2013年全省规上工业、高新园区主要经济指标

	全省规上		高新园区		
	总量	增长%	总量	增长%	与规上工业增幅差(+/-百分点)
企业单位数(个)	36903.00	*	3542.00	*	*
亏损企业(个)	5090	8.4	681	-1.4	-9.8
工业增加值(亿元)	11700.67	8.5	1640.6	11.0	2.5
工业总产值(亿元)	63527.7	7.2	8643.7	8.1	0.9

续　表

	全省规上		高新园区		
	总量	增长%	总量	增长%	与规上工业增幅差(+/−百分点)
出口交货值(亿元)	11599.8	2.2	1952.2	5.4	3.2
资产总计(亿元)	59633.1	7.1	8997.5	8.7	1.6
主营业务收入(亿元)	61765.5	7.3	8429.3	9.6	2.2
利润总额(亿元)	3385.9	15.2	576.2	16.0	0.9
税金总额(亿元)	2298.6	8.8	274.9	14.8	6.0
应付职工薪酬(亿元)	3277.1	10.8	510.8	14.7	3.9
全部从业人员平均数(万人)	695.6	−1.3	96.2	−3.0	−1.7
科技活动经费支出总额(亿元)	780.8	12.9	180.5	18.5	5.6

三、高新园区创新能力进一步增强

高新园区作为工业科技创新的领军人物，依托园区内产业、人才和资源的集聚优势，进一步增加产品和工艺开发投入，自主创新能力有所增强。2013 年，园区规上工业企业科技活动经费支出总额 180.5 亿元，比上年增长 18.5%，增幅比全省规上工业高 5.6 个百分点。园区内产品生产执行标准化程度较高，其中园区规上制造企业采用国际先进标准和发达国家先进标准的有 1923 家，采标率为 57.8%，比全省规上制造业采标率高 4.2 个百分点。园区规上工业企业新产品产值 3319.1 亿元，占全省规上工业的 19.9%；新产品产值率为 38.4%，比全省规上工业高 12.1 个百分点。园区企业积极将新产品、新成果化为生产力，产销衔接情况总体较好，全年产销率达 98.0%，比全省规上工业高

0.7 个百分点。创新能力的提升，为高新园区发展奠定了较好的基础。

四、高新园区产业结构调整初显成效

高新园区的发展进一步突出产业主攻方向，建立了一批涉及光伏、高端装备、船舶装备、氟硅新材料、现代农业装备和现代环保装备等领域的特色高新园区，通过大力开展“腾笼换鸟”，发展低碳、绿色、智能产业，促进园区内高新技术产业、战略性新兴产业和装备制造业的整合发展。2013 年，园区规上工业高新技术产业、装备制造业和战新产业增加值分别增长 11.9%、15.2%和 8.4%，总体高于全省规上工业。高新园区的战略性新兴产业、高新技术产业和装备制造业增加值所占比重分别为 29.7%、38.8%和 51.2%，均高于全省规上工业。从各行业实现主营业务收入的情况来看，园区总量排名前三位的依次是通用设备制造、电气机械和计算机电子设备制造业，均属于附加值较高的行业，已经取代了属于传统工业的化学原料和纺织业，成为园区内的支柱产业，三大行业主营业务收入合计占园区总量的 31.7%。特别是园区内的计算机电子设备制造业更在全省同行业内形成了不容小觑的积聚力量。2013 年，园区内计算机电子设备制造企业主营业务收入共 808.2 亿元，占全省行业的比重达 34.7%，仅 188 家企业占该领域主营业务收入的三成半。其余例如医药制造和通用设备制造等行业也有不俗的表现，两大行业的主营业务收入分别为 269.4 亿元和 1033.3 亿元，占全省同行业的比重也分别高达 26.5%和 25.7%(详见表 2)。

表 2　2013 年全省规上工业及园区内部分行业主营业务收入情况

行业排名	全省规上工业			高新园区			
	行业名称	总量（亿元）	占比（%）	行业名称	总量（亿元）	占比（%）	占全省同行业的比重
第 1 位	化学原料和化学制品制造业	5702.5	9.2	通用设备制造业	1033.3	12.3	25.7
第 2 位	纺织业	5629.5	9.1	电气机械和器材制造业	823.1	9.8	14.8
第 3 位	电气机械和器材制造业	5567.8	9.0	计算机、通信和其他电子设备制造业	808.2	9.6	34.7
第 4 位	电力、热力生产和供应业	4206.8	6.8	化学原料和化学制品制造业	793.9	9.4	13.9
第 5 位	通用设备制造业	4016.1	6.5	纺织业	611.4	7.3	10.9
第 6 位	汽车制造业	3282.3	5.3	金属制品业	455.3	5.4	19.1
第 7 位	化学纤维制造业	2636.1	4.3	汽车制造业	411.3	4.9	12.5
第 8 位	橡胶和塑料制品业	2633.3	4.3	黑色金属冶炼和压延加工业	397.4	4.7	15.7
第 9 位	黑色金属冶炼和压延加工业	2533.9	4.1	纺织服装、服饰业	379.0	4.5	17.4
第 10 位	金属制品业	2379.8	3.9	有色金属冶炼和压延加工业	306.9	3.6	13.7
第 11 位	计算机、通信和其他电子设备制造业	2330.7	3.8	医药制造业	269.4	3.2	26.5
合计		40918.5	66.2		6289.2	74.6	

五、高新园区集约发展有新突破

高新园区作为创新驱动发展的主阵地、主战场，大力开展“机器换人”，提高土地资源利用率，发挥高新园区“四个带头”作用，整体推进高新园区科学、协调、可持续发展。2013年，园区规上工业增加值率为20.4%，比上年提高1.0个百分点。全员劳动生产率（人均工业增加值，折年率）达17.06万元/人，比全省高0.24万元/人，劳动生产率增长14.4%，增幅比全省高4.5个百分点。高新园区企业在更新机器、设备，降低能耗的基础上，注重提高土地资源利用率，切实加强集约以节约用地。土地亩均增加值94.5万元，比全省规上工业企业高8.7万元/亩，亩均利税45.8万元，比全省高3.5万元/亩。

继续促进全省高新园区发展，要始终坚持“改革统领、创新驱动”，要全面贯彻落实省政府办公厅关于“激励全省高新园区争先创优，建立摘牌退出机制实施方案”，营造良好的竞争环境，努力将高新园区建设成为战略性新兴产业的集聚区、两化融合的先行区、科技改革的试验区、协同创新的示范区，促使高新园区在全省工业转型升级中进一步发挥辐射和引领作用。

工业处　蒋晓雁

第八章　2014 年浙江省高新园区快速发展

2014 年，浙江加快创新型省份和科技强省建设，把高新技术产业开发区和高新技术产业园区建设作为实施创新驱动战略的主要抓手，统筹推进各类改革和转型举措，高新园区发展迅速，成为支撑引领工业经济发展的核心动力之一。

一、综合实力增强，在工业经济中的地位进一步提高

2014 年，全省高新园区内主营业务收入在 2000 万元及以上的工业（以下简称园区规上工业）企业数量占全省规上工业企业的比重仅为一成，但高新园区在全省工业经济上的战略性地位进一步得到提高。全年园区企业资产总计 10621 亿元，比上年增长 8.3%，增幅比全省规上工业高 2.0 个百分点；工业总产值和主营业务收入分别为 9928 亿元和 9765 亿元，分别增长 10.1% 和 9.3%，增幅比全省规上工业分别高 3.7 和 5.0 个百分点。园区规上工业企业资产、工业总产值、主营业务收入和从业人员数分别占全省规上工业的 16.8%、14.9%、15.4% 和 14.6%，比 2013 年分别提高 1.7、1.3、1.8 和 0.8 个百分点。

表1 2014年浙江规上工业、高新园区主要指标

	全省规上		高新园区		
	总量	增长(%)	总量	增长(%)	与规上工业增幅差(+/一百分点)
企业单位数(个)	38521.0	*	3963.0		*
亏损企业(个)	4926	6.5	695	7.3	0.8
工业增加值(亿元)	12543.3	6.9	2025.9	12.2	5.3
工业总产值(亿元)	66545.3	6.4	9928.2	10.1	3.7
出口交货值(亿元)	12093.2	5.3	2006.9	8.5	3.2
资产总计(亿元)	63198.6	6.3	10620.6	8.3	2.0
主营业务收入(亿元)	63237.0	4.3	9765.0	9.3	5.0
利润总额(亿元)	3543.7	5.1	675.9	13.5	8.4
税金总额(亿元)	2425.2	5.4	321.4	8.5	3.1
应付职工薪酬(亿元)	3621.9	12.0	614.4	16.2	4.2
全部从业人员平均数(万人)	695.8	−2.3	101.6	−0.9	1.4

二、发展迅速,成为推动工业增长的重要动力

高新园区生产保持较快增长,对工业增长的贡献率进一步提高。2014年,园区规上工业增加值2026亿元,增长12.2%,增幅比上年提高1.2个百分点,比全部规上工业高5.3个百分点,在2013年领先2.5个百分点的基础上进一步扩大优势。园区企业对全省规上工业增加值增长的贡献率达27.6%,比上年提高10.8个点。从全年各月情况看,园区的生产增速比规上工业高出5—7个百分点之间(如图1)。

高新园区企业创造价值能力有所提高。园区企业自身获得的

利润、为政府上缴的税收以及为务工人员支付的薪酬都有较快增长。2014 年，园区规上企业利润总额 676 亿元，增长 13.5%，增幅比全省规上工业高 8.4 个百分点。园区企业对全省规上工业利润增长的贡献率达 46.9%，比上年大幅提高 29.1 个百分点。园区企业上缴税金 321.4 亿元，增长 8.5%，增幅比全省规上工业平均水平高 3.1 个百分点。企业支付的职工薪酬为 614.4 亿元，增长 16.2%，增幅比全省规上工业高 4.2 个百分点。园区规上工业企业利润总额、税金和职工薪酬占全省规上工业的比例分别达到 19.1%、13.3%和 17.0%，比上年分别提高 2.1、1.3 和 1.4 个百分点。

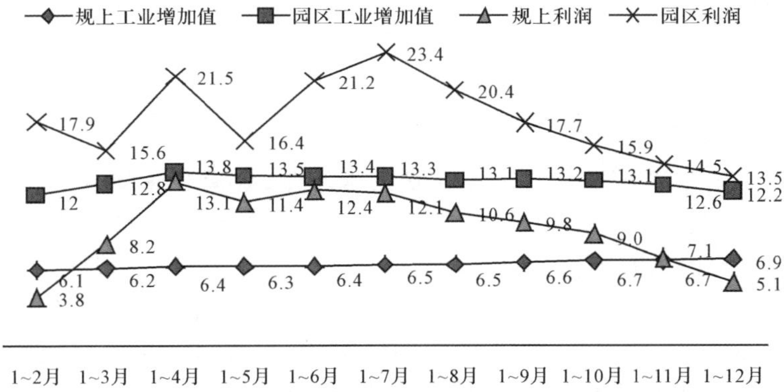

图 1　2014 年规上工业和高新园区工业增加值、利润增速

三、创新能力增强，附加价值提高

高新园区作为工业科技创新的领军人物，依托园区内产业、人才和资源的集聚优势，充分依靠改革与创新的红利，增加产品开发投入，自主创新能力进一步增强，有力地推动由“制造”向“智造”的转型升级。2014 年，园区规上工业企业科技活动经费支出比上年增长 22.0%，增幅比全省规上工业高 14.4 个百分点。园区规上工业企业新产品产值为 4236 亿元，占全省规上工业的 21.8%，比上年提高 1.9 个百分点;新产品产值率为 42.7%,比全省规上工业高 13.5 个百分点。园区企业积极将新产品、新成果转化为生产力,产销衔接情况总体较好,全年产销率达 97.3%,比全省规上工业高 0.4 个百分点。

创新带来了较高附加价值。2014 年,园区企业全员劳动生产率(人均工业增加值)达 19.9 万元/人,比全省规上工业高 1.9 万元/人;按可比价计算,比上年增长 13.2%,比全省规上工业高 3.8 个百分点。园区企业每百元主营业务收入实现利润 6.9 元,比全省规上工业高 1.3 元;成本费用利润率为 7.3%,比全省规上工业高 1.3 个百分点。转型升级的不断深化,使高新园区发展后劲明显增强。

四、结构逐步优化,引领全省新兴产业发展

2014 年,园区规上工业高新技术产业、战新产业和装备制造业增加值分别增长 14.1%、16.1%和 15.5%,增幅分别高于全省规上工业对应产业 5.6、7.5 和 6.6 个百分点。新兴产业做大做强,优化了园区乃至浙江工业结构。园区规上工业中,高新技术产业、战略性新兴产业和装备制造业增加值所占比重分别为 55.2%、35.3%和 52.1%,比上年分别提高 16.4、5.6 和 0.9 个百分点,比全省规上工业中的占比分别高 21.1、10.8 和 17.6 个百分点。

园区产业主要集中在新兴产业。从园区各行业实现主营业务收入的情况来看,园区内总量排名前四位的依次是通用设备、电子设备,化学原料和电气机械,四大行业主营业务收入合计占园区总量的 43.2%。特别是电子设备制造业的积聚力量得到进一步的加强,2014 年,园区内 218 家电子设备制造企业主营业务收入达 1093.3 亿元,占据全省该行业的四成,比上年提高 5.9 个百分点,对全省该行业增长的贡献率高达 101.7%。此外,医药、通用设备和汽车制造等行业的主营业务收入占全省同行业的比重也分别高

达 28.5%、26.1%和 23.4%（详见附表）。园区内优势行业的发展将对全省相关行业发展起到积极的引领推动作用。

五、错位发展，特色产业逐步壮大

高新园区作为创新驱动发展的主阵地、主战场，充分发挥高新园区“四个带头”作用，整体推进全省工业经济科学、协调、可持续发展。目前，浙江共有 27 个国家级、省级高新园区，其中省级高新园区在命名上均冠以产业名称，明确产业重点发展方向，全省高新园区引领新兴产业错位发展格局进一步形成。从总量来看，2014 年，园区工业增加值超百亿元的有杭州高新区和海宁高新园区等 5 个，50 亿—100 亿元之间的有新昌高新园区和嘉兴高新园区等 11 个；50 亿元以下的有青山湖高端装备高新园区等 11 个。其中，杭州高新开发区资产 1328.2 亿元、主营业务收入 1174.6 亿元、利润总额 191.1 亿元和新产品产值 545.6 亿元，多项指标均排在各大园区首位。从发展情况来看，园区工业增加值增速超过 20%的有绍兴现代医药高新园区和舟山船舶装备等 2 个，增长 10%—20%之间的有余杭高新园区、杭州高新开发区等 7 个园区，增长 10%以下的有衢州氟硅新材料、湖州现代物流装备等 18 个。各个园区各类发展指标均保持一定速度增长，进一步壮大了特色优势产业。

2015 年，全省高新园区要充分发挥在工业发展中的核心载体作用，淘汰低端、主攻中高端、保持中高速，致力于打造提质、增效、升级版的园区经济，要依托错位布局的高新园区，大力发展高端装备产业、高端装备服务、高端装备工程和各类特色产业，为促进全省工业提质增效、实现平稳发展、创新发展做出新的贡献。

工业处　蒋晓雁

附录

附表 1 2014 年浙江高新园区主营业务收入超百亿元行业情况

行业排名	行业名称	总量（亿元）	增长（%）	占比（%）	占全省同行业的比重	对全省该行业增长的贡献率	拉动增长（+/−）
第 1 位	通用设备制造业	1108.9	5.9	11.4	26.1	35.5	1.5
第 2 位	计算机、通信和其他电子设备制造业	1093.3	29.7	11.2	40.6	101.7	10.2
第 3 位	化学原料和化学制品制造业	1028.7	9.9	10.5	17.3	31.5	1.6
第 4 位	电气机械和器材制造业	983.1	7.1	10.1	17.3	51.0	1.2
第 5 位	纺织业	663.4	1.1	6.8	11.5	4.4	0.1
第 6 位	汽车制造业	625.5	14.5	6.4	23.4	17.1	3.6
第 7 位	黑色金属冶炼和压延加工业	452.3	−1.4	4.6	17.7	24.7	−0.2
第 8 位	金属制品业	385.5	6.1	3.9	16.4	21.5	1.0
第 9 位	纺织服装、服饰业	345.6	1.9	3.5	15.2	16.1	0.3
第 10 位	医药制造业	312.4	7.4	3.2	28.5	22.6	2.2
第 11 位	有色金属冶炼和压延加工业	300.7	5.3	3.1	12.2	7.4	0.7
第 12 位	专用设备制造业	279.1	3.5	2.9	17.9	16.3	0.6

续表

行业排名	行业名称	总量（亿元）	增长（%）	占比（%）	占全省同行业的比重	对全省该行业增长的贡献率	拉动增长（+/−）
第 13 位	橡胶和塑料制品业	240.4	−1.8	2.5	8.8	−20.9	−0.2
第 14 位	非金属矿物制品业	220.2	38.0	2.3	11.0	44.5	3.2
第 15 位	燃气生产和供应业	215.2	37.9	2.2	49.1	43.7	19.5
第 16 位	皮革、毛皮、羽毛及其制品和制鞋业	204.7	1.5	2.1	14.2	24.4	0.2
第 17 位	文教、工美、体育和娱乐用品制造业	173.3	19.4	1.8	14.1	44.4	2.4
第 18 位	食品制造业	171.8	−3.2	1.8	30.8	−40.5	−1.0
第 19 位	化学纤维制造业	169.5	9.5	1.7	6.9	12.5	0.6
第 20 位	家具制造业	136.6	7.9	1.4	17.8	22.2	1.4
第 21 位	仪器仪表制造业	122.8	15.4	1.3	18.4	61.6	2.6
第 22 位	铁路、船舶、航空航天和其他运输设备制造业	105.1	24.4	1.1	11.0	32.4	2.3

附表 2-1　2014 年浙江高新园区主要数据

指标名称	工业增加值				新产品产值			
	绝对值（亿元）	名次	同比增长%	名次	绝对值（亿元）	名次	同比增长%	名次
全省园区	2025.9		12.2		4236.2		20.6	
杭州高新开发区	329.3	1	18.3	4	545.6	1	22.8	9
宁波高新开发区	140.1	3	15.8	6	457.9	2	24.1	8
绍兴高新开发区	35.4	25	−2.0	27	29.3	25	−9.6	27
温州高新开发区	67.0	12	6.6	18	62.3	22	36.0	5
嘉兴高新园区	90.3	7	5.5	21	117.1	15	16.5	16
湖州高新园区	35.6	24	7.5	16	87.5	19	20.2	12
金华高新园区	47.7	18	−0.5	26	124.8	14	−1.5	25
衢州高新园区	74.7	10	8.1	15	107.9	17	−0.9	24
台州高新园区	62.4	13	6.5	19	129.5	13	21.6	10
上虞高新园区	107.5	5	9.2	13	233.5	5	18.8	14
新昌高新园区	94.6	6	12.6	8	259.6	4	14.4	19
余杭高新园区	83.7	8	19.8	3	171.9	10	53.2	4
萧山高新园区	126.9	4	5.4	22	199.7	6	14.5	18
舟山高新园区	12.2	26	4.4	24	14.7	26	1.2	23
德清高新园区	46.8	20	9.5	12	86.3	20	8.6	20
嵊州高新园区	50.6	16	5.2	23	147.9	11	60.5	3
海宁高新园区	160.4	2	7.5	17	403.5	3	16.6	15
绍兴柯桥高新园区	40.6	23	0.7	25	108.5	16	25.5	7
嘉兴光伏高新园区	45.8	21	12.6	7	96.5	18	2.2	22
青山湖高端装备高新园	49.5	17	8.5	14	137.1	12	5.9	21
舟山船舶装备高新园区	52.5	15	24.5	2	58.2	23	247.4	1
绍兴现代医药高新园区	9.5	27	34.9	1	11.1	27	134.2	2
衢州氟硅新材料高新园	40.7	22	9.9	10	33.8	24	−8.2	26
湖州现代物流装备高新园	55.8	14	9.9	11	175.3	9	16.4	17
永康现代农业装备高新园	47.3	19	5.7	20	78.4	21	20.9	11
诸暨现代环保装备高新园	81.3	9	11.5	9	199.5	7	19.4	13
萧山临江新能源运输装备高新区	69.9	11	15.9	5	192.6	8	27.9	6

附表 2-2　2014 年全省高新园区主要数据

指标名称	资产总计				主营业务收入			
	绝对值（亿元）	名次	同比增长%	名次	绝对值（亿元）	名次	同比增长%	名次
全省园区	10620.6		8.3		9765.0		9.3	
杭州高新开发区	1328.2	1	24.1	1	1174.6	1	28.5	2
宁波高新开发区	742.1	3	9.8	9	652.6	3	14.9	4
绍兴高新开发区	292.2	15	3.3	18	172.0	24	−2.5	25
温州高新开发区	246.5	17	1.2	24	228.3	19	0.9	22
嘉兴高新园区	434.2	9	5.6	13	398.0	9	4.6	17
湖州高新园区	219.6	19	8.3	11	175.5	23	3.8	20
金华高新园区	273.0	16	0.8	25	235.6	18	−5.2	26
衢州高新园区	202.8	22	2.5	21	204.7	20	−11.6	27
台州高新园区	485.6	8	16.6	4	304.6	13	3.9	19
上虞高新园区	542.2	7	12.5	5	502.6	6	11.6	8
新昌高新园区	544.4	6	11.3	7	445.7	8	11.9	7
余杭高新园区	398.7	10	11.4	6	393.3	10	27.2	3
萧山高新园区	728.4	4	2.2	22	589.2	4	4.7	16
舟山高新园区	67.4	27	−4.9	27	51.1	26	0.0	23
德清高新园区	116.2	25	9.2	10	240.9	17	14.5	5
嵊州高新园区	353.4	13	3.8	16	302.6	14	5.6	13
海宁高新园区	848.9	2	0.5	26	902.6	2	8.0	10
绍兴柯桥高新园区	217.8	20	2.8	19	272.0	15	−1.0	24
嘉兴光伏高新园区	214.8	21	4.2	14	199.7	22	5.7	12
青山湖高端装备高新园	376.6	11	18.0	3	315.6	12	3.9	18
舟山船舶装备高新园区	130.9	24	7.9	12	164.6	25	4.8	15
绍兴现代医药高新园区	84.3	26	18.3	2	46.1	27	33.0	1
衢州氟硅新材料高新园	240.3	18	1.3	23	270.4	16	13.0	6
湖州现代物流装备高新园	328.2	14	10.5	8	337.2	11	2.6	21
永康现代农业装备高新园	192.2	23	3.6	17	202.3	21	5.3	14
诸暨现代环保装备高新园	358.1	12	2.6	20	522.0	5	8.0	11
萧山临江新能源运输装备高新区	653.6	5	4.0	15	461.0	7	10.1	9

附表 2-3 2014 年全省高新园区主要数据

指标名称	全部从业人员平均数				利润总额			
	绝对值（亿元）	名次	同比增长%	名次	绝对值（亿元）	名次	同比增长%	名次
全省园区	101.6		−0.9		675.9		13.5	
杭州高新开发区	8.0	2	6.9	3	191.1	1	11.7	14
宁波高新开发区	8.0	3	3.5	6	53.7	2	21.4	10
绍兴高新开发区	3.3	13	−4.2	23	7.7	20	6.9	16
温州高新开发区	4.8	9	−4.4	24	9.1	19	−6.2	24
嘉兴高新园区	5.4	6	0.3	10	30.3	7	6.6	17
湖州高新园区	2.0	22	0.5	9	10.6	18	12.4	12
金华高新园区	2.8	17	−11.6	27	7.4	21	−21.9	26
衢州高新园区	1.5	24	4.8	5	6.3	22	−18.6	25
台州高新园区	4.8	8	−0.2	11	19.3	10	26.2	7
上虞高新园区	4.1	10	−2.5	18	46.2	3	24.8	8
新昌高新园区	3.9	11	5.2	4	38.2	5	9.6	15
余杭高新园区	5.0	7	−2.0	16	25.5	9	32.5	4
萧山高新园区	7.2	4	−3.8	21	37.0	6	32.2	5
舟山高新园区	0.4	26	−0.2	12	−1.5	27	137.2	2
德清高新园区	2.2	20	−7.2	25	16.1	13	21.6	9
嵊州高新园区	5.7	5	−2.3	17	5.2	23	32.0	6
海宁高新园区	10.2	1	−1.0	15	39.8	4	3.6	21
绍兴柯桥高新园区	2.2	21	−3.3	20	13.3	16	5.6	19
嘉兴光伏高新园区	3.4	12	−3.3	19	12.5	17	−3.3	22
青山湖高端装备高新园	2.6	19	1.5	8	17.8	12	18.7	11
舟山船舶装备高新园区	0.3	27	39.8	1	4.9	24	4.2	20
绍兴现代医药高新园区	0.7	25	11.6	2	4.4	25	477.1	1
衢州氟硅新材料高新园	1.8	23	−4.1	22	4.0	26	−30.8	27
湖州现代物流装备高新园	2.9	15	−8.2	26	15.1	15	6.4	18
永康现代农业装备高新园	2.9	16	−0.9	14	15.5	14	−4.1	23
诸暨现代环保装备高新园	3.0	14	2.6	7	27.9	8	12.0	13
萧山临江新能源运输装备高新区	2.7	18	−0.8	13	18.7	11	53.8	3

第九章 2014 年浙江省信息化发展指数研究报告

浙江省委省政府高度重视信息化工作,“十二五”时期,全面推进浙江国民经济和社会发展信息化,是实施创新驱动发展战略,提高全省综合实力和国际竞争力的重要举措。为反映浙江信息化发展情况,全面评价全省及各市、县(市、区)信息化发展进程,省经信委、省统计局在联合对以往浙江省信息化发展指数(Ⅱ)进行监测评价的基础上,组织开展了 2014 年信息化发展指数测评工作。现将对全省及 11 个设区市、90 个县(市、区)的信息化发展指数评价结果公布如下,供参考。

一、全省信息化发展指数总体评价

(一)全省信息化水平不断提高

2014 年,全省深入实施“八八战略”,按照干好“一三五”、实现“四翻番”的决策部署,抢抓新一轮科技革命、信息革命、产业变革的重大机遇,以转变经济发展方式为主线,加快信息基础设施建设,大力发展信息产业,提升发展电子商务,扩大信息消费,加快“智慧城市”示范建设,大力推进以“机器换人”为核心的“两化”深度融合,推动信息技术在经济社会各领域的应用,促进全省信息化水平和信息产业的综合实力不断提高。

经测算,2014 年全省信息化发展指数为 0.883,比上年提高 0.021,五类分项指数值都较上年有所上升。基础设施、产业技术、应用消费、知识支撑和发展效果指数分别达到0.774、1.003、0.874、0.920和0.846,比上年分别提高0.006、0.006、0.042、0.003和0.048。

(二)各分类指数发展的特点

1.基础建设扎实推进,应用能力不断提高,2014年全省基础设施指数达到0.774

近年来,由于移动电话普及率的快速提高和各种新信息技术的普及,移动通信持续快速发展,固定电话被替代的趋势逐渐增强。全省电话用户总数达8853万户,比上年增加528万户,其中固定电话用户1781万户,比上年减少101万户,移动电话用户7072万户,比上年增加629万户。固定电话普及率由上年的34.2线/百人降低到32.4线/百人,移动电话普及率由上年的117.2部/百人提高到128.7部/百人。全省城镇居民家庭平均每百户拥有电视机179.0台,计算机101.6台;农村居民家庭平均每百户拥有电视机169.3台,计算机49.6台。除农村居民家庭计算机有所增加外,城镇居民家庭电视机和计算机拥有量、农村居民家庭电视机拥有量均有所减少。

然而以企业为主体,随着信息技术集成的应用,“机器换人”成为越来越多企业转型升级的共识,企业纷纷加强智能装备、管理软件、设计工具、电商平台的应用,信息化应用水平大幅提升。全省7.5万家“四上”企业(即规模以上工业企业、有资质的建筑业企业、限额以上批零住餐企业、规模以上服务业企业)和房地产开发企业中,平均每百人拥有计算机17.9台,拥有网站的企业比重为64.6%,通过互联网采取多种形式(如独立网站、互联网广告、搜索引擎、电子商务平台、电子邮件、微博、博客、社交网站等)对企业进行宣传和推广的比重达到74.1%。

2.信息技术稳步发展,知识支撑作用增强

随着互联网普及程度和信息产业发展水平的提高,信息产业的宏观环境及技术层面稳步发展。2014年,产业技术指数达1.003。

全省完成电信业务收入767亿元，发明专利授权量达20.24万项，比上年分别增长5.9%、7.4%；人均电信业务收入、每百万人发明专利授权量分别由上年的1368元、3446项增加到1395元、3680项。知识支撑指数达0.920。各级政府继续加大教育财政投入力度，全省财政性教育经费支出950.07亿元，比上年增长8.2%；人均财政性教育经费支出由上年的1603元增加到1728元。而随着十五年教育基本普及，义务教育学校数和在校学生数有所减少，但义务教育的均衡发展不断强化。全省每万人口拥有15年义务教育在校学生数达到1714人，比上年减少26人。

3. 信息发展效果良好，应用消费日趋广泛

随着全省经济的稳步发展，互联网用户数快速增加，电子政务发展迅速，城乡居民用于信息消费的支出不断增加。2014年，应用消费指数达到0.874。全省互联网用户数达到5998万户，其中固定互联网宽带接入用户达到1243万户，分别比上年增长1.9%和7.8%。全省已建成统一的电子政务网络，省、市、县三级政府网站开通率达100%，电子政务在改善公共服务、加强社会管理、强化综合监管、完善宏观调控等发面发挥了重要作用。浙江省政府网站群页面浏览量总数达11.2亿，比上年增加2.6亿，其中省级部门网站群、市政府网站群、县（市、区）政府网站群的累计页面浏览量分别达3.5亿、1.6亿、6.1亿，分别比上年增加0.6亿、0.2亿、1.8亿，全省平均每万人政府网站页面浏览量为29955次，比上年增加4677次。网站群访问总人数为1.8亿，日均访问人数达48.5万人，分别比上年增加0.5亿、12万人。我省城镇居民人均信息消费支出为4084元，与上年基本持平，农村居民人均信息消费支出为1385元，比上年增长19.5%，占城乡居民人均生活消费支出的比重分别为17.6%和11.8%。2014年，信息化发展效果指数达到0.846。全省规上电子信息制造业增加值1235.3亿元，占规模以上工业增加值的比重为10.2%，同比提高0.3个百分点；R&D经费支出相当于生产总值的比重为2.18%，同比提高0.10个百分点；人均GDP为68462元，同比增长7.8%。

二、设区市信息化发展指数综合评价

(一)各市信息化发展水平的聚类分析

2014年,全省设区市信息化发展指数从高到低的顺序依次为:杭州、宁波、嘉兴、绍兴、湖州、舟山、金华、温州、台州、丽水、衢州。与上年相比,信息化发展水平进一步提高(见图1)。

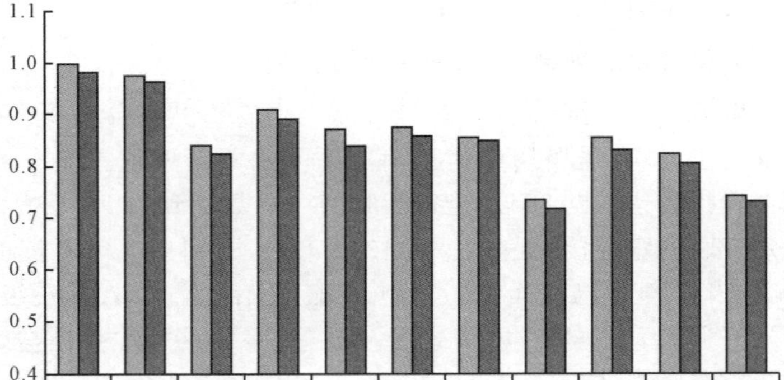

	杭州市	宁波市	温州市	嘉兴市	湖州市	绍兴市	金华市	衢州市	舟山市	台州市	丽水市
2014年	0.997	0.974	0.841	0.909	0.871	0.874	0.854	0.734	0.857	0.823	0.741
2013年	0.982	0.963	0.825	0.892	0.840	0.859	0.849	0.718	0.829	0.806	0.731

图1 2014年各市信息化发展指数与上年比较

根据2014年信息化发展指数的测算结果,将各市划分为三类地区(见表1)。

表1 2014年全省分三类地区信息化发展指数比较

	基础设施指数	产业技术指数	应用消费指数	知识支撑指数	发展效果指数	总指数
全 省	0.774	1.003	0.874	0.920	0.846	0.883
第一类地区						
杭州市	0.853	1.041	0.992	0.961	1.159	0.997

续　表

	基础设施指数	产业技术指数	应用消费指数	知识支撑指数	发展效果指数	总指数
宁波市	0.816	1.059	1.005	0.960	1.042	0.974
第二类地区						
嘉兴市	0.841	1.012	0.892	0.900	0.901	0.909
绍兴市	0.793	0.978	0.892	0.918	0.783	0.874
湖州市	0.781	0.981	0.861	0.886	0.848	0.871
舟山市	0.811	0.942	0.954	0.870	0.690	0.857
金华市	0.744	0.986	0.875	0.939	0.718	0.854
温州市	0.815	0.977	0.904	0.891	0.592	0.841
台州市	0.813	0.956	0.825	0.890	0.609	0.823
第三类地区						
丽水市	0.689	0.935	0.690	0.870	0.503	0.741
衢州市	0.661	0.907	0.687	0.860	0.541	0.734

第一类地区（信息化发展较高水平地区）：包括杭州和宁波共2个市。这类地区2014年信息化发展指数超过0.970，平均达到0.986，比上年提高0.013，相当于全省平均水平的1.12倍。

第二类地区（信息化发展中等水平地区）：包括嘉兴、绍兴、湖州、舟山、金华、温州、台州共7个市。这类地区2014年信息化发展指数介于0.820—0.910之间，平均达到0.861，比上年提高0.018，相当于全省平均水平的97.5%和第一类地区的87.3%。

第三类地区（信息化发展较低水平地区）：包括丽水、衢州共2个市。这类地区2014年信息化发展指数介于0.730—0.750之间，平均达到0.738，比上年提高0.013，相当于全省平均水平的83.6%和第一类地区的74.8%。

(二)信息化发展水平不平衡,地区间存在较大差距

测度结果显示,我省整体信息化水平不断提高,但地区间发展仍不均衡,地区间信息化发展水平存在较大差距。

1. 从基础设施指数看,2014 年杭州市信息化基础设施指数最高,达到 0.853,与最低的衢州市相比,差距为 0.192

在二级指标中,杭州市每百人电话拥有数达到 186.5 部,其中固定电话 38.2 部,移动电话 148.3 部,而衢州市每百人电话拥有数为 115.8 部,其中固定电话 25.4 部,移动电话 90.4 部。杭州市城乡居民每百户电视机拥有数分别达 162 台和 203 台,衢州市分别为 159 台和 137 台;杭州市城乡居民每百户计算机拥有数分别达 112 台和 67 台,衢州市分别为 89 台和 34 台。杭州市"四上"企业平均每百人拥有计算机 24.8 台,拥有网站的企业比重为 64.0%,而衢州市分别为 15.6 台、62.5%,金华市分别为 13.1 台、70.3%,舟山市分别为 20.1 台、47.9%。信息化基础设施建设在地区间、城乡间存在较大差距。

2. 从产业技术指数看,宁波市产业技术指数最高,达到 1.059,比最低的衢州市高 0.152

在二级指标中,杭州市、宁波市电信业务收入分别达 175.23、122.55 亿元,排名末两位的舟山市、衢州市分别为 15.95、16.19 亿元,杭州市人均电信业务收入达 1981 元,为衢州市的 2.6 倍;宁波市发明专利授权量达 58406 件,比杭州多 16888 件,衢州市、舟山市分别为 3287 和 1656 件,宁波市每百万人发明专利授权量达 7622 件,分别为衢州市、舟山市的 4.9、5.3 倍。

3. 从应用消费指数看,宁波市应用消费指数最高,达到 1.005,比最低的衢州市高 0.318,在五类指数中差距较大

在二级指标中,杭州市、宁波市固定互联网宽带接入用户数分别达到 238 万户、202 万户,排名末三位的衢州市、丽水市、舟山市固定互联网宽带接入用户数分别为 35 万户、32 万户、29 万户。每

万人政府网站页面浏览量杭州为 34980 次，台州最低为 16017 次。宁波市城乡居民家庭信息消费支出分别为 5067 和 1626 元，分别为衢州市的 1.8 和 1.9 倍。

4. 从知识支撑指数看，杭州市知识支撑指数最高，达到 0.961，与最低的衢州市相比，差距为 0.101

第六次人口普查资料显示，各市常住人口中，杭州市平均受教育年限最长，为 9.41 年/人，温州、衢州、台州、丽水较低，分别为 7.79、7.56、7.51、7.50 年/人；各市成人识字率基本在 91%—97%之间，最高的绍兴、杭州两市分别为 96.80%和 96.27%，最低的温州、衢州、台州、丽水分别为 92.94%、91.03%、91.96%和 91.87%。宁波市、杭州市每万人口拥有 15 年义务教育在校学生数分别为 1944 人、1687 人，舟山市最低为 1187 人；宁波市、杭州市的人均财政性教育经费支出分别达 1938 和 1837 元，而台州和温州分别为 1285 和 1265 元，居全省末两位。

5. 从发展效果指数看，杭州市发展效果指数最高，达到 1.159，而最低的丽水市仅为 0.503，差距为 0.656，在五类指数中差距最大

在规模以上工业中，杭州市电子信息制造业增加值所占比重最高，为 13.76%，宁波市次之，为 12.50%，绍兴市、舟山市最低，分别仅为 3.51%、2.02%；杭州、嘉兴市的 R&D 经费支出占 GDP 比重分别达 2.98%、2.49%，在全省居领先地位，而衢州、丽水仅为 1.19%、1.13%；杭州、宁波市人均 GDP 分别为 94566、93176 元，但衢州、丽水、温州分别仅为 49791、46383、43632 元。

三、县(市、区)信息化发展指数综合评价

根据浙江省信息化发展指数综合评价体系，对 2014 年 90 个县(市、区)进行测算，结果如下。

(一)各县(市、区)信息化发展水平的聚类分析

2014 年,90 个县(市、区)中,信息化发展指数超过 1 的有滨江区、上城区、鄞州区、北仑区、海曙区、江北区、西湖区等 12 个县(市、区),信息化发展指数在 0.9—1 之间的有 26 个县(市、区),在 0.8—0.9 之间的有 25 个县(市、区),在 0.7—0.8 之间的有 22 个县(市、区),在 0.7 以下的有 5 个县(市、区),分别占 13.3%、28.9%、27.8%、24.4%和 5.6%。

表 2　2014 年 90 个县(市、区)信息化发展指数与上年比较

总指数	县(市、区)数量		
	2014 年	上年	2014 年较上年
超过 1	12	6	增加 6 个
在 0.9—1 之间	26	20	增加 6 个
在 0.8—0.9 之间	25	32	减少 7 个
在 0.7—0.8 之间	22	22	不变
在 0.7 以下	5	10	减少 5 个

按照规模以上工业产值总量,我们将 90 个县(市、区)划分为四类(详见附件 2):

第一类地区(工业产值 1000 亿元以上):共 14 个县(市、区)。2014 年信息化发展指数平均值为 0.965,比全省平均水平高 0.082,其中基础设施指数为 0.848,产业技术指数为 1.022,应用消费指数为 1.020,知识支撑指数为 0.946,发展效果指数为 0.993。2014 年,第一类县(市、区)信息化发展总指数居前 10 位的是:北仑区、鄞州区、慈溪市、余姚市、镇海区、余杭区、萧山区、海宁市、柯桥区、桐乡市。与上年相比,有 5 个县(市、区)的排名有所上升,分别是鄞州区、海宁市、桐乡市、乐清市、诸暨市。

第二类地区(工业产值 500 亿—1000 亿元):共 18 个县(市、区)。2014 年信息化发展指数平均值为 0.947,比全省平均水平高

0.064，其中基础设施指数为0.811，产业技术指数为0.997，应用消费指数为1.030，知识支撑指数为0.914，发展效果指数为0.989。2014年，第二类县（市、区）信息化发展总指数居前10位的是：滨江区、上城区、南湖区、拱墅区、义乌市、临安市、嘉善县、秀洲区、长兴县、平湖市。与上年相比，有4个县（市、区）的排名有所上升，分别是拱墅区、秀洲区、长兴县、瑞安市。

第三类地区（工业产值100亿—500亿元）：共43个县（市、区）。2014年信息化发展指数平均值为0.861，比全省平均水平低0.022，其中基础设施指数为0.774，产业技术指数为0.968，应用消费指数为0.971，知识支撑指数为0.901，发展效果指数为0.672。2014年，第三类县（市、区）信息化发展总指数居前10位的是：海曙区、江北区、西湖区、江干区、江东区、吴兴区、龙湾区、椒江区、鹿城区、东阳市。与上年相比，有16个县的（市、区）排名有所上升，分别是海曙区、江干区、吴兴区、龙湾区、鹿城区、定海区、海盐县、普陀区、莲都区、桐庐县、建德市、永嘉县、江山市、青田县、三门县、松阳县。

第四类地区（工业产值100亿元以下）：共15个县（市、区）。2014年信息化发展指数平均值为0.761，比全省平均水平低0.122，其中基础设施指数为0.688，产业技术指数为0.926，应用消费指数为0.818，知识支撑指数为0.850，发展效果指数为0.499。与前三类相比，发展效果指数、基础设施指数、应用消费指数明显偏低。2014年，第四类县（市、区）信息化发展总指数居后的是：景宁县、常山县、泰顺县、衢江区、文成县。与上年相比，有2个县（市、区）的排名有所上升，分别是庆元县、常山县。

（二）信息化发展水平不平衡，县域之间存在数字鸿沟

1.部分县（市、区）信息化发展水平还较低

2014年，信息化发展指数高于全省平均水平的县（市、区）有46个，比上年增加8个；占90个县（市、区）的比重为51.1%，比上年提高8.9个百分点。但县域之间信息化发展不平衡等问题仍然

存在。与上年相比，有 27 个县(市、区)的排名有所上升，31 个县(市、区)的排名不变，32 个县(市、区)的排名有所下降。信息化发展指数低于 0.7 的县(市、区)还有 5 个，分别是景宁县(0.698)、常山县(0.685)、泰顺县(0.673)、衢江区(0.671)、文成县(0.646)，文成县信息化指数仅相当于排名第一的滨江区的 40.7%。

2. 信息化发展水平仍存在较大差距

通过对 2014 年信息化五个分类指数进行县(市、区)之间的比较，可以看出县域之间信息化发展水平差距较大(见图 2)。

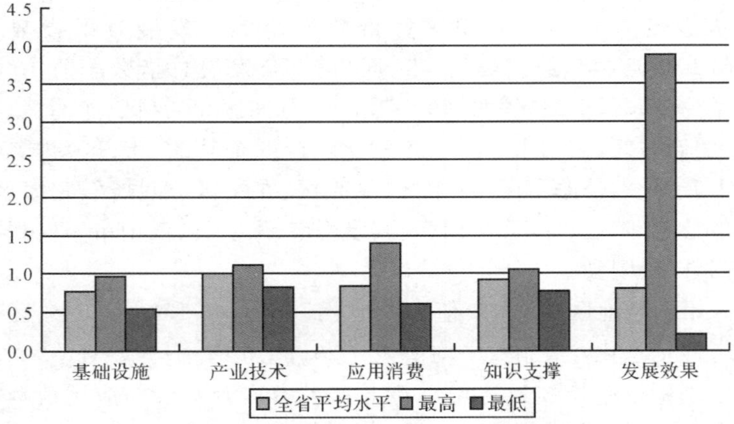

图 2　2014 年信息化分类指数的全省平均、最高和最低水平比较图

从五个分类指数来看，发展效果指数差距最大。2014 年最低发展效果指数仅相当于该分类指数最高值的 5.4%，其次为应用消费指数，最低应用消费指数相当于最高值的 43.4%，基础设施指数、知识支撑指数和产业技术指数最低值分别相当于最高值的 57.0%、73.8%和 73.9%。从信息化发展指数的具体指标来看，信息制造业增加值占规上工业增加值比重、R&D 经费支出占 GDP 的比重、每百万人发明专利授权量、人均 GDP、人均电信业务收入、互联网宽带普及率等几项指标方面，落后县(市、区)与发达县(市、区)差距较大，最低值分别相当于最高值的 0.2%、2.7%、4.2%、13.8%、17.6%和 29.4%。

四、对策建议

信息化是当今世界发展的大趋势，是推动经济社会变革的重要力量。加快发展信息经济，是浙江深入实施创新驱动发展战略的必然要求，是加快转变经济发展方式、促进经济社会转型升级的重要途径。从评价结果看，尽管近年来浙江信息化发展水平提升较快，在全国 31 个省（区、市）中仅次于北京、上海、天津，位居第四，在各省中居于领先位置，但是欠发达地区信息化发展滞后、地区间发展水平极不平衡的问题尚未得到解决。下一步，各地要深入贯彻落实《浙江省人民政府关于加快发展信息经济的指导意见》，加大基础设施的建设力度，建设智慧化基础设施，特别是要加强落后地区信息基础设施建设，努力缩小地区信息化水平差距，促进协调发展；要加强工业化与信息化融合，促进产业转型升级，大力发展工业企业智能制造，加快重点行业两化深度融合，推动信息通信技术和传统产业技术相结合的集成创新，加快推动我省从工业大省向工业强省、制造大省向“智造强省”转变；要统筹城乡协调发展，提高信息化应用消费水平，加大农村信息建设投入力度，推进农村电子商务发展，建立农村信息服务体系，有效促进城市和农村的资源和信息自由流动、有序对接，加快农业转型升级，缩小城乡差距；要围绕公共管理和社会服务，科学把握公众需求，梳理业务流程，加强信息技术应用的普及指导，加大信息资源开发利用力度，努力缩小不同领域、人群间信息化水平，促进信息化全面协调发展，逐步缩小城乡之间、地区之间的“数字鸿沟”。

工业处　王怡川

附录

附件1 浙江省信息化发展指数指标体系

浙江省信息化发展指数(IDI,Informatization Development Index)是从“基础设施、产业技术、应用消费、知识支撑和发展效果”五个方面测量地区信息化的总体水平,对地区信息化发展状况做出综合性评价,从而为“十二五”期间准确把握全省及各市、县(市、区)信息化发展水平和发展进程提供参考依据。

浙江省信息化发展指数由5个分类指数和17个具体指标构成。2014年,在基础设施分类指数中,除保留电话拥有率、电视机拥有率、计算机拥有率这3项指标外,为了反映企业信息技术加快发展的情况,增加了企业每百人计算机使用量和企业拥有网站比重2项指标。指标体系详见附表。

附表1 浙江省信息化发展指数指标体系

总指数	分类指数	指标	分类权重	指标权重
信息化发展指数	一、基础设施指数	1.电话拥有率(部/百人)	21	6
		2.电视机拥有率(台/百户)		6
		3.计算机拥有率(台/百户)		3
		4.企业每百人计算机使用量(台/百人)		3
		5.企业拥有网站的比重(%)		3
	二、产业技术指数	6.人均电信业务收入(元/人)	20	10
		7.每百万人发明专利授权量(项/百万人)		10

续　表

总指数	分类指数	指　　标	分类权重	指标权重
	三、应用消费指数	8. 互联网宽带普及率(户/百人)	21	7
		9. 政府门户网站综合应用水平(次/万人)		7
		10. 城乡居民人均信息消费支出(元/人)		7
	四、知识支撑指数	11. 平均受教育年限(年/人)	20	5
		12. 成人识字率(%)		5
		13. 每万人口 15 年义务教育在校学生数(人/万人)		5
		14. 人均财政性教育经费支出(元/人)		5
	五、发展效果指数	15. 电子信息制造业增加值占规上工业增加值的比重(%)	18	6
		16. R&D 经费支出占 GDP 的比重(%)		6
		17. 人均 GDP(元/人)		6

(备注:数据一般采集了 2013 年区域年终统计公报数据,部分数据采用了 2014 年公开数据)

附表 2-1　各县(市、区)信息化发展指数分类排序(一类)

2014 年	总指数	位次	上年	总指数	位次
北仑区	1.087	1	北仑区	1.022	1
鄞州区	1.039	2	慈溪市	0.981	2
慈溪市	1.017	3	鄞州区	0.971	3
余姚市	1.012	4	余姚市	0.965	4
镇海区	1.004	5	镇海区	0.955	5

续 表

2014年	总指数	位次	上年	总指数	位次
余杭区	0.995	6	余杭区	0.950	6
萧山区	0.986	7	萧山区	0.942	7
海宁市	0.953	8	柯桥区	0.939	8
柯桥区	0.929	9	海宁市	0.917	9
桐乡市	0.921	10	富阳市	0.898	10
乐清市	0.906	11	桐乡市	0.873	11
富阳市	0.905	12	乐清市	0.857	12
诸暨市	0.876	13	上虞市	0.845	13
上虞区	0.873	14	诸暨市	0.844	14

附表 2-2 各县(市、区)信息化发展指数分类排序(二类)

2014年	总指数	位次	上年	总指数	位次
滨江区	1.587	1	滨江区	1.574	1
上城区	1.025	2	上城区	0.970	2
南湖区	0.999	3	南湖区	0.969	3
拱墅区	0.996	4	义乌市	0.960	4
义乌市	0.993	5	拱墅区	0.957	5
临安市	0.978	6	临安市	0.934	6
嘉善县	0.922	7	嘉善县	0.902	7
秀洲区	0.914	8	永康市	0.888	8
长兴县	0.907	9	南浔区	0.884	9
平湖市	0.901	10	平湖市	0.880	10
瑞安市	0.897	11	秀洲区	0.868	11
永康市	0.895	12	玉环县	0.864	12

续　表

2014 年	总指数	位次	上年	总指数	位次
玉环县	0.895	12	德清县	0.860	13
德清县	0.893	14	瑞安市	0.853	14
南浔区	0.885	15	长兴县	0.851	15
温岭市	0.853	16	温岭市	0.813	16
临海市	0.789	17	临海市	0.761	17
兰溪市	0.713	18	兰溪市	0.707	18

附表 2-3　各县(市、区)信息化发展指数分类排序(三类)

2014 年	总指数	位次	上年	总指数	位次
海曙区	1.075	1	西湖区	1.032	1
江北区	1.057	2	江北区	1.023	2
西湖区	1.040	3	海曙区	1.013	3
江干区	1.022	4	江东区	1.009	4
江东区	0.998	5	江干区	0.954	5
吴兴区	0.967	6	东阳市	0.927	6
龙湾区	0.959	7	椒江区	0.918	7
椒江区	0.952	8	龙湾区	0.914	8
鹿城区	0.937	9	越城区	0.900	9
东阳市	0.935	10	吴兴区	0.898	10
越城区	0.932	11	鹿城区	0.892	11
定海区	0.929	12	路桥区	0.882	12
海盐县	0.927	13	瓯海区	0.881	13
瓯海区	0.923	14	海盐县	0.874	14
路桥区	0.919	15	象山县	0.861	15

续 表

2014年	总指数	位次	上年	总指数	位次
象山县	0.899	16	黄岩区	0.848	16
黄岩区	0.897	17	新昌县	0.848	16
新昌县	0.894	18	婺城区	0.843	18
奉化市	0.877	19	奉化市	0.840	19
宁海县	0.860	20	宁海县	0.829	20

附表2-4 各县(市、区)信息化发展指数分类排序(三类)

2014年	总指数	位次	上年	总指数	位次
婺城区	0.856	21	金东区	0.828	21
普陀区	0.849	22	定海区	0.822	22
金东区	0.845	23	普陀区	0.810	23
莲都区	0.835	24	安吉县	0.805	24
安吉县	0.835	24	莲都区	0.803	25
嵊州市	0.816	26	嵊州市	0.799	26
桐庐县	0.812	27	武义县	0.782	27
武义县	0.807	28	桐庐县	0.774	28
建德市	0.807	28	浦江县	0.763	29
浦江县	0.786	30	建德市	0.763	29
永嘉县	0.785	31	苍南县	0.751	31
苍南县	0.777	32	缙云县	0.748	32
江山市	0.769	33	遂昌县	0.745	33
岱山县	0.765	34	岱山县	0.738	34
青田县	0.761	35	永嘉县	0.737	35
缙云县	0.760	36	平阳县	0.730	36

续　表

2014 年	总指数	位次	上年	总指数	位次
三门县	0.759	37	青田县	0.729	37
平阳县	0.754	37	天台县	0.729	37
遂昌县	0.753	39	江山市	0.725	39
天台县	0.752	40	三门县	0.720	40
淳安县	0.735	41	淳安县	0.696	41
松阳县	0.714	42	龙游县	0.677	42
龙游县	0.708	43	松阳县	0.673	43

附表 2-5　各县(市、区)信息化发展指数分类排序(四类)

2014 年	总指数	位次	上年	总指数	位次
下城区	1.033	1	下城区	0.987	1
开化县	0.848	2	开化县	0.812	2
嵊泗县	0.840	3	嵊泗县	0.801	3
洞头县	0.829	4	洞头县	0.770	4
磐安县	0.787	5	磐安县	0.761	5
柯城区	0.775	6	柯城区	0.759	6
云和县	0.763	7	云和县	0.737	7
仙居县	0.737	8	仙居县	0.706	8
龙泉市	0.729	9	龙泉市	0.686	9
庆元县	0.704	10	景宁县	0.680	10
景宁县	0.698	11	衢江区	0.673	11
常山县	0.685	12	庆元县	0.667	12
泰顺县	0.673	13	泰顺县	0.647	13
衢江区	0.671	14	常山县	0.641	14
文成县	0.646	15	文成县	0.604	15

附表 3-1 2014年省、市、县(市、区)信息化发展指数

	基础设施指数	产业技术指数	应用消费指数	知识支撑指数	发展效果指数	总指数
浙江省	0.774	1.003	0.874	0.920	0.846	0.883
杭州市	0.853	1.041	0.992	0.961	1.159	0.997
上城区	0.784	1.072	1.398	0.954	0.895	1.025
下城区	0.869	1.082	1.370	0.977	0.838	1.033
江干区	0.824	1.075	1.335	1.048	0.800	1.022
拱墅区	0.759	1.046	1.377	1.003	0.762	0.996
西湖区	0.838	1.086	1.392	1.009	0.849	1.040
滨江区	0.840	1.117	1.327	1.050	3.878	1.587
萧山区	0.895	1.026	1.093	0.943	0.972	0.986
余杭区	0.961	1.009	1.103	0.989	0.901	0.995
桐庐县	0.779	0.978	0.774	0.876	0.641	0.812
淳安县	0.660	0.929	0.733	0.831	0.500	0.735
建德市	0.766	0.952	0.846	0.854	0.596	0.807
富阳市	0.791	1.015	0.837	0.932	0.963	0.905
临安市	0.827	1.009	0.940	0.895	1.255	0.978
宁波市	0.816	1.059	1.005	0.960	1.042	0.974
海曙区	0.809	1.109	1.337	0.989	1.140	1.075
江东区	0.811	1.097	1.351	1.000	0.691	0.998
江北区	0.869	1.082	1.272	0.993	1.068	1.057
北仑区	0.823	1.037	1.213	0.998	1.402	1.087
镇海区	0.773	1.051	0.989	1.018	1.224	1.004
鄞州区	0.887	1.075	1.084	1.025	1.141	1.039
象山县	0.791	0.998	1.001	0.870	0.829	0.899

续 表

	基础设施指数	产业技术指数	应用消费指数	知识支撑指数	发展效果指数	总指数
宁海县	0.756	0.977	0.849	0.901	0.816	0.860
余姚市	0.862	1.079	1.063	0.922	1.153	1.012
慈溪市	0.918	1.053	1.144	0.939	1.032	1.017

附表 3-2 2014年省、市、县(市、区)信息化发展指数

	基础设施指数	产业技术指数	应用消费指数	知识支撑指数	发展效果指数	总指数
奉化市	0.759	1.011	0.958	0.904	0.738	0.877
温州市	0.815	0.977	0.904	0.891	0.592	0.841
鹿城区	0.894	1.004	1.273	0.941	0.516	0.937
龙湾区	0.932	1.000	1.160	0.953	0.717	0.959
瓯海区	0.949	0.976	1.144	1.006	0.485	0.923
洞头县	0.692	0.984	0.882	0.810	0.778	0.829
永嘉县	0.687	0.946	0.901	0.862	0.502	0.785
平阳县	0.739	0.937	0.855	0.849	0.345	0.754
苍南县	0.770	0.923	0.875	0.839	0.439	0.777
文成县	0.627	0.902	0.643	0.775	0.246	0.646
泰顺县	0.690	0.910	0.682	0.816	0.218	0.673
瑞安市	0.915	0.991	1.049	0.879	0.613	0.897
乐清市	0.799	1.003	0.995	0.900	0.826	0.906
嘉兴市	0.841	1.012	0.892	0.900	0.901	0.909
南湖区	0.842	1.019	1.143	0.968	1.026	0.999
秀洲区	0.889	1.001	1.020	0.845	0.799	0.914
嘉善县	0.862	1.012	0.805	0.891	1.064	0.922

续 表

	基础设施指数	产业技术指数	应用消费指数	知识支撑指数	发展效果指数	总指数
海盐县	0.865	0.993	1.049	0.898	0.818	0.927
海宁市	0.901	1.009	0.997	0.894	0.967	0.953
平湖市	0.819	1.011	0.899	0.874	0.911	0.901
桐乡市	0.873	1.030	1.004	0.891	0.793	0.921
湖州市	0.781	0.981	0.861	0.886	0.848	0.871
吴兴区	0.822	1.011	1.282	0.904	0.788	0.967
南浔区	0.822	0.938	0.975	0.811	0.881	0.885
德清县	0.843	0.963	0.954	0.888	0.809	0.893

附表3-3 2014年省、市、县(市、区)信息化发展指数

	基础设施指数	产业技术指数	应用消费指数	知识支撑指数	发展效果指数	总指数
长兴县	0.705	0.973	0.952	0.893	1.032	0.907
安吉县	0.773	1.000	0.856	0.884	0.643	0.835
绍兴市	0.793	0.978	0.892	0.918	0.783	0.874
越城区	0.857	0.966	1.254	0.911	0.628	0.932
柯桥区	0.856	0.953	0.960	0.977	0.900	0.929
新昌县	0.738	0.980	0.928	0.898	0.937	0.894
诸暨市	0.720	0.995	0.876	0.937	0.857	0.876
上虞区	0.814	0.975	0.920	0.874	0.771	0.873
嵊州市	0.686	0.966	0.813	0.872	0.742	0.816
金华市	0.744	0.986	0.875	0.939	0.718	0.854
婺城区	0.796	0.956	1.014	0.958	0.514	0.856
金东区	0.677	0.978	0.918	0.890	0.757	0.845

续　表

	基础设施指数	产业技术指数	应用消费指数	知识支撑指数	发展效果指数	总指数
武义县	0.688	0.958	0.808	0.907	0.668	0.807
浦江县	0.760	0.924	0.746	0.913	0.566	0.786
磐安县	0.600	0.974	0.829	0.879	0.646	0.787
兰溪市	0.548	0.887	0.745	0.833	0.542	0.713
义乌市	0.900	1.029	1.352	1.025	0.607	0.993
东阳市	0.725	0.965	0.904	0.927	1.193	0.935
永康市	0.740	1.029	0.890	0.965	0.852	0.895
衢州市	0.661	0.907	0.687	0.860	0.541	0.734
柯城区	0.733	1.003	0.924	0.943	0.210	0.775
衢江区	0.697	0.842	0.633	0.808	0.345	0.671
常山县	0.669	0.831	0.688	0.808	0.402	0.685
开化县	0.647	0.854	0.671	0.805	1.331	0.848
龙游县	0.635	0.826	0.741	0.856	0.458	0.708

附表 3-4　2014 年省、市、县(市、区)信息化发展指数

	基础设施指数	产业技术指数	应用消费指数	知识支撑指数	发展效果指数	总指数
江山市	0.659	0.871	0.711	0.858	0.751	0.769
舟山市	0.811	0.942	0.954	0.870	0.690	0.857
定海区	0.819	0.979	1.201	0.889	0.731	0.929
普陀区	0.790	0.910	1.014	0.850	0.657	0.849
岱山县	0.786	0.890	0.607	0.813	0.731	0.765
嵊泗县	0.781	0.911	1.044	0.821	0.616	0.840
台州市	0.813	0.956	0.825	0.890	0.609	0.823

续 表

	基础设施指数	产业技术指数	应用消费指数	知识支撑指数	发展效果指数	总指数
椒江区	0.938	1.000	1.154	0.926	0.705	0.952
黄岩区	0.846	0.986	0.971	0.882	0.785	0.897
路桥区	0.933	0.973	1.084	0.932	0.635	0.919
玉环县	0.858	0.984	1.035	0.921	0.646	0.895
三门县	0.719	0.907	0.788	0.834	0.521	0.759
天台县	0.688	0.928	0.832	0.890	0.381	0.752
仙居县	0.697	0.874	0.765	0.887	0.429	0.737
温岭市	0.905	0.959	0.857	0.880	0.641	0.853
临海市	0.746	0.905	0.817	0.871	0.589	0.789
丽水市	0.689	0.935	0.690	0.870	0.503	0.741
莲都区	0.744	0.975	0.965	0.940	0.516	0.835
青田县	0.687	0.899	0.776	0.816	0.615	0.761
缙云县	0.648	0.926	0.748	0.879	0.588	0.760
遂昌县	0.673	0.885	0.811	0.840	0.535	0.753
松阳县	0.695	0.906	0.713	0.856	0.364	0.714
云和县	0.694	0.970	0.806	0.893	0.422	0.763
庆元县	0.619	0.935	0.752	0.838	0.340	0.704
景宁县	0.630	0.887	0.791	0.838	0.303	0.698
龙泉市	0.679	0.933	0.792	0.848	0.358	0.729

第十章　服务业经济效益指数研究与实证分析

近年来，浙江服务业加速发展，以物联网为特征的服务业新业态、新形态不断涌现，传统服务业提质升级，生产性服务业发展良好，已经成为国民经济持续发展的主要增长点。在服务业发展处于全面提升信息化、国际化、规模化、品牌化的重要时期，将关注点从总量规模的扩大转移到规模、效益并重发展上显得尤为重要。本课题在总结主要理论研究成果的基础上，结合浙江实际，尝试运用综合指数法构建服务业经济效益发展评价指标体系，并进行实证分析。

一、研究背景

改革开放以来，浙江经济迅速发展，已经由资源小省成为经济大省。2013 年，全省经济总量达 37568 亿元，居全国第四位，人均 GDP 为 68462 元，折合为 11054 美元，高于世界平均水平。近年来，随着我国出台一系列推动服务业发展的政策措施，服务业在国民经济中的地位日益突出。2013 年，全国服务业增加值占经济总量比重为 46.1%，历史上首次超过第二产业，标志着中国或将进入服务经济时代。同年，浙江服务业增加值为 17337 亿元，比上年增长 8.7%，高于 GDP 增速 0.5 个百分点，连续九年快于 GDP 增速和工业增速，三次产业比例为 4.8∶49.1∶46.1，“三、二、一”产业格局也将基本形成。但服务业这驾马车在快马加鞭的行进过程中，过多地关注规模扩大而忽视经济效益的提升、增长方式粗放、生产率水平低下、竞争能力弱等等，因此，为适应宏观经济从高速发展时期转入中速发展时期、从扩容提速转入提质增效的经济新常态需要，建立一套能反映和评价服务业发展质量状况的指标体系，显得尤为重要。

在工业经济时代，工业效益指数一直受到社会各界的重视。它能较客观地反映工业经济运行质量，不管是在评价各地区、各行业乃至各个企业工业经济效益的实际水平和发展变化趋势上，还是在反映整个工业经济运行质量和效益状况全貌等方面都发挥了重要作用。

随着我省服务业发展水平的进一步提高，服务业在经济总量中的比重不断上升的同时，建立一套科学的服务业经济效益发展评价指标体系和相关指数迫在眉睫，这将在管理和指导地区、行业或企业的服务业经济活动上发挥不可替代的作用。通过对服务业经济效益发展指标体系和效益指数的研究和分析，我们可以对地区、行业或企业的发展质量进行综合评价，即在生产、经营、成本、利润及财务状况分析的基础上，综合考虑资源投入与产出的各个方面，对投入产出率或经济效益进行全面、系统和综合的分析，可以清晰描述服务业经营的总体发展或综合效益情况。通过服务业经济效益发展指标体系和指数可以直观地量化服务业经济效益发展水平，服务业生产经营活动、经营成果及财务状况。因此，设计科学、合理的服务业经济效益发展评价指标体系、指数，有利于正确地评价服务业各方面和环节的经营与财务状况，包括盈利状况、发展前景和对社会的贡献状况，有利于为投资者、经营者及国家经济管理者提供有用的管理与决策信息。既可以用来评价各地区、各行业乃至各企业服务业经济效益的实际水平和发展变化趋势，又能反映整个服务业经济运行质量和效益状况的全貌。

二、服务业经济效益发展指标体系的设计

（一）已有研究情况简介

国内外学界对服务业经济效益发展指标体系的研究成果不多，特别是在管理方面的应用更少，并且大多融合在其他产业里，很少有针对服务业这个领域的专门的评价指标体系。学界大多从企业偿债能力、经济效率、获利能力等方面来反映服务业企业的经济效益情况，虽然各种评价指标体系所列指标总量达几十项之多，但以下几个指标得到了普遍认可：①流动比率；②全部股本收益率；③速动比率；④存货周转率；⑤总资产周转率；⑥负债股权比率；⑦应收账款周转率；⑧营业净利润率；⑨利息保障倍数；⑩营业资产收益率。其中，①③⑥⑨反映企业偿债能力，④⑤⑦反映企业经营效率，②⑧⑩反映企业获利能力。

财政部评价指标体系、财政部经济效益评价指标体系、国家经贸委评价指标体系、中国企业评价中心效益评价指标体系、世界银行专家建议评价指标体系、国有资产保值增值评价指标体系、国家体改委企业活力评价指标体系以及中国人民大学企业活力评价指标体系等体系中与服务业相关并且比较集中的评价指标主要有：①总资产报酬率；②资本收益率；③资产负债率；④成本费用利润率；⑤销售利润率；⑥全员劳动生产率；⑦资本保值增值率；⑧资产周转率。其中，③反映偿债能力；⑥⑧反映经营效率；②④⑤反映获利能力；⑦反映资产安全性。

相对于服务业经济效益评价需要而言，这些指标体系都存在着一些明显的不足。一是较难获得基础数据的支撑；二是没有反映长期发展的能力；三是没有反映经营管理的能力；四是没有反映对社会的贡献，等等。

(二)指标体系设计的原则和内容

参考国内外经济界和理论界的研究成果并同时借鉴工业效益指数的编制经验,本文认为在设计服务业经济效益发展指标体系时,应遵循以下原则:

1. 导向性

指标体系的评价必须具有促使地区、行业或企业经营管理者更多地从关注服务业发展规模转向重视服务业发展质量的功能。

2. 可操作性

指标体系的内容,必须与现有的企业财务会计、服务业统计报表制度相衔接,其计算依据资料在现有服务业报表、核算资料中应该较容易获得。

3. 科学合理性

各指标之间,在涵盖的经济内容上要相互支持但又不重复,在解释功能上要互相配合。

4. 简便易行性

指标计算要力求简单,指标的个数不能太多,指标的含义要准确、明确。

依据上述原则,立足现行我省的服务业统计报表制度和企业财务制度,本文从五个方面选取12项指标来建立服务业经济效益发展评价体系,如图1所示。

1. 管理能力

(1)资产负债率。资产负债率是负债总额除以资产总额的百分比,也就是负债总额与资产总额的比例关系。资产负债率反映在总资产中有多大比例是通过借债来筹资的,反映管理者对企业资产的管理能力,也被称为举债经营比率。

资产负债率=负债合计/资产总计

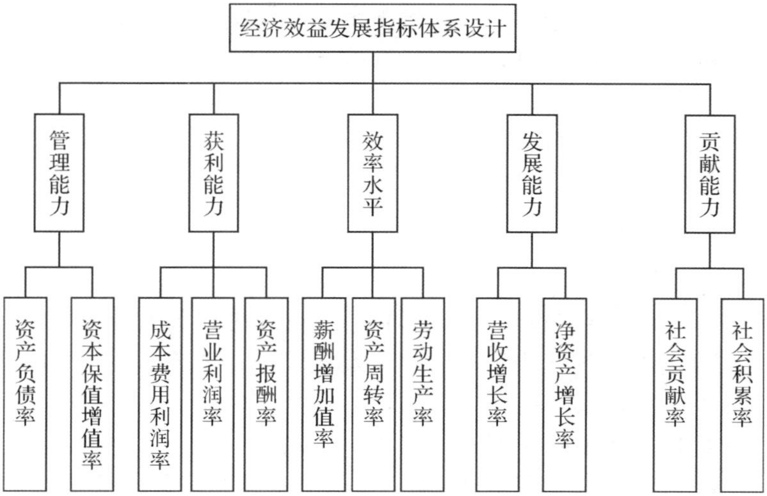

图1　服务业经济效益发展评价体系

(2)资本保值增值率。资本保值增值率是指企业本年末所有者权益扣除客观增减因素后同年初所有者权益的比率。该指标表示企业当年资本在企业自身管理下的实际增减变动情况,反映了企业对资本管理的保全性和增长性,该指标越高,表明企业对资本管理的保全状况越好,所有者权益增长越快,说明企业在资本管理方面的发展后劲越强。

资本保值增值率＝期末所有者权益/期初所有者权益

2.获利能力

(1)成本费用利润率。成本费用利润率指标表明每付出一元成本费用可获得多少利润,体现了经营投入所带来的经营成果。该项指标越高,表示企业的获利能力越强。

成本费用利润率＝利润总额/成本费用总额

(2)营业利润率。营业利润率是指企业的营业利润与营业收入的比率。反映了管理者通过经营获取利润的能力。营业利润率越高,说明盈利能力越强;反之,此比率越低,说明盈利能力越弱。

营业利润率＝营业利润/营业收入

(3)资产报酬率。资产报酬率是一个反映资产占用与成果关系的指标。为了使本指标具有较强的概括力并与其他指标在反映经济内容上有适当的分工,选取“资产平均余额”与“税息前利润”两个指标来评价运用全部资产的总体获利能力

资产报酬率＝税息前利润/资产平均余额

3. 效率水平

(1)薪酬增加值率。薪酬增加值率反映了劳动投入和劳动产出关系。本文根据服务业单位的特点选择“应付职工薪酬”与“增加值”两项指标来代表劳动投入和劳动产出,说明支付1元薪酬费用能产生多少增加值。

薪酬增加值率＝增加值/应付职工薪酬

(2)资产周转率。资产周转率是衡量企业资产管理效率、反映企业资产运营效率的一项重要指标。通过该指标的对比分析,能反映资产的运营效率以及时间序列上的变化情况。一般来说这个数值越高,表明企业总资产周转效率越好。

资产周转率＝本期营业收入/本期资产总额平均余额

(3)劳动生产率。全员劳动生产率指根据产品的价值量指标计算的平均每一个从业人员在单位时间内的产品生产量,反映每一位劳动者的生产效率。

增加值率＝增加值/从业人员平均人数

4. 发展能力

(1)营收增长率。营业收入是经营最终的总量成果,是社会承认度较高的综合指标,代表已经完全实现的生产价值。在市场环境中,营业收入表示社会承认企业拥有市场的份额,体现企业有效的经济规模和对未来市场的把握程度。用营收增长率反映经济规模发展变动以及未来的发展能力是目前国际上较为通行的做法。

(2)净资产增长率。净资产增长率是指企业本期净资产增加额与上期净资产总额的比率。净资产增长率反映了企业资本规模

的扩张速度，在企业经营中，净资产收益率较高代表了较强的生命力。如果在较高净资产收益率的情况下，又保持较高的净资产增长率，则表示企业未来发展更加强劲。

5. 贡献能力

企业除了要关注自身的经营状况外，也要承担对社会应尽的责任，这是对现代企业的最基本要求。从管理者的角度出发，经济效益发展评价更应该包括这方面的内容，因此要设立"贡献能力"指标。所谓"贡献能力"，是指企业在一定时期对整个社会和政府所做的贡献。具体有：

(1)社会贡献率＝企业社会贡献总额/资产平均余额

＝(企业增加值－折旧)/资产平均余额

(2)社会积累率＝上交税利总额/企业社会贡献总额

(三)综合指数合成

根据管理能力、获利能力、效率水平、发展能力和贡献能力五个方面的综合测算，最终合成一个服务业经济效益指数来综合评价服务业发展质量。综合指数的合成主要由三个步骤组成：

首先是对指标的无量纲化处理。本文主要借鉴联合国人类发展指数(HDI)的测量方法，根据每个评价指标的上、下限阈值来计算单个指标数值，再根据每个指标的权重合成服务业经济效益发展评价得分；其次，从现有资料中计算得到每个指标的最佳值、平均值、中位值及最差值，依据评价指标的不同特点确定每个指标的评价标准值，用各个指标的评价标准值和相关权重合成得到标准服务业经济效益发展得分；最后，根据各地区、行业或企业的实际服务业经济效益发展得分与标准服务业经济效益发展得分比值算出经济效益指数。此种方法测算的指数不仅横向可比，而且纵向可比；不仅可以比较各市、县或各行业经济效益发展相对位次，而且也可以考察每个地区或行业的经济效益发展的历史进程。

1. 确定指标的上、下限阈值

本文中所有指标的上、下限阈值主要是参考服务业2012—

2014年各季全省各行业、各市中相应指标最大值和最小值，以及社会经济发展标准值，对有些比例指标还参考了世界中等收入国家的平均值。将第 i 个指标的实际值记为 X_i，权重为 W_i，下限阈值和上限阈值分别为 $X^i_{\min}$ 和 $X^i_{\max}$，无量纲化后的值为 Z_i。

2. 设定标准值

为了达到各地区和各行业之间的横向比较的目的，同时也为了实现时间序列上的纵向比较，本文根据每个指标的特点分别设定评价标准值。

(1)一些有国际通行标准的指标(如资产负债率、资产报酬率、劳动生产率、资产周转率等)，均以国际通行标准为基础，再考虑财会制度及经济形势变化因素，取近三年的平均值加以必要的修正，使评价标准值既接近国际标准，又符合浙江实际。

(2)一些缺乏国际通行标准的指标，若其中一些指标(如净资产增长率、社会贡献率、社会积累率等)全社会各行业差别不是很大，则把全社会各行业已达到的平均水平作为评价标准值。

(3)个别指标(如营业利润率、薪酬增加值率等)因地区、行业间差别较大，依据各地区、行业已达到的平均水平，综合加权后作为价标准数值。

将第 i 个指标的评价标准值记为 $X^i_{标准}$。

3. 指标无量纲化

无量纲化，也叫数据的标准化。只有将数据进行标准化处理之后，不同的指标之间才可以进行比较。

(1)正指标无量纲化计算公式：

$$Z_i = \frac{X_i - X^i_{\min}}{X^i_{\max} - X^i_{\min}} \text{ 或 } Z_i = \frac{Ln(X_i) - Ln(X^i_{\min})}{\ln(X^i_{\max}) - Ln(X^i_{\min})} \qquad (公式 1)$$

(2)逆指标无量纲化计算公式：

$$Z_i = \frac{X^i_{\max} - X_i}{X^i_{\max} - X^i_{\min}} \text{ 或 } Z_i = \frac{Ln(X^i_{\max}) - Ln(X_i)}{Ln(X^i_{\max}) - Ln(X^i_{\min})} \qquad (公式 2)$$

(3)最优值指标的无量纲化计算公式：假设第 i 个指标有最优值 $X^i_{最优}$，如资产负债率(根据国际通行标准，资产负债率保持在

30%—60%相对合理，则设定资产负债率最优值是 45%），无量纲化计算公式：

$$Z_i=\frac{X^i_{max}-|X_i-X^i_{最优}|}{X^i_{max}-X^i_{min}} \text{或} Z_i=\frac{Ln(X^i_{max})-|Ln(X_i)-Ln(X^i_{最优})|}{Ln(X^i_{max})-Ln(X^i_{min})}$$

（公式 3）

同时将第 i 个指标的评价标准值记为 $X^i_{标准}$，无量纲化后的值记为 Z'_i。

4. 指标权重的确定

本文采用专家打分法（Delphi 法）来确定各级指标的权重（详见表 1）。

表 1 浙江省服务业经济效益发展指标体系及权重

五个方面	指标名称	权重
1. 管理能力评价	(1)资产负债率	10
	(2)资本保值增值率	10
2. 获利能力评价	(3)成本费用利润率	10
	(4)营业利润率	10
	(5)资产报酬率	5
3. 经济效率评价	(6)薪酬增加值率	10
	(7)资产周转率	10
	(8)劳动生产率	10
4. 发展能力评价	(9)营收增长率	10
	(10)净资产增长率	5
5. 贡献能力评价	(11)社会贡献率	5
	(12)社会积累率	5
	合计	100

5. 分类指数和总指数的合成

(1)分类指数的合成方法。本体系由管理能力、获利能力、效率水平、发展能力和贡献能力五个分类组成。将某一类的所有指标无量纲化后的数值按其权重计算得分后，与评价标准值算的得分按公式(4)计算就可以得到相应的分类指数。

$$I_i = \frac{\sum Z_j W_j}{\sum Z'_i W_j} \times 100 \qquad (公式 4)$$

(2)服务业经济效益综合指数的合成方法。将服务业经济效益发展评价指标体系中的12个指标无量纲化后的数值按其权重算得得分，并与评价标准值算的得分按公式(5)计算就得到服务业经济效益指数。

$$I = \frac{\sum_{i=1}^{12} Z_i W_i}{\sum_{i=1}^{12} Z'_i W_i} \times 100 \qquad (公式 5)$$

6. 指数评价标准与含义

根据服务业经济效益发展指标体系的设计原理、各指标的评价标准值设定及指数的综合合成方法，将服务业经济效益的优劣情况划为四个等次：优(指数大于100)、良好(指数在90—100)、一般(指数在80—90)、差(小于80)。这样，运用服务业经济效益指数可以直观地反映服务业经济效益的优劣。同时某一地区、行业或企业在不同时期的指数高低也反映了该地区、行业或企业在不同时期的服务业经济效益发展波动情况。

三、实证分析

依据上述服务业经济效益发展指标体系和2012—2014年各季度全省规模以上服务业企业(不包括金融、房地产、批发零售、住宿餐饮)数据，我们对全省、各市及重点服务业行业的经济效益指数进行了测算。总体上看，2012年以来，我省服务业经济效益指数均运行在良好水平之上，并有上升的趋势，2013年1—5月、2013年1—11月、2013全年、2014年1—5月、2014年1—8月这五个时期达到优以上，分别为 100.1、100.2、100.2、100.5 和 100.5。从近三年的效益指数测算结果来看，我省服务业发展的经济效益情况呈现以下特征。

（一）季节变动规律明显

从 2012、2013、2014 年全省各季的服务业效益指数来看，每年第一季度较低，到全年度时达到最高点（详见图 2）。因为第一季度时候，刚好是中国传统节日春节，1 月份左右大部分企业开始停工、从业人员开始返乡，春节以后才开始进入正常生产状态，因此，相比其他季度效益指数明显偏低。而二、三季度较平稳，年底时达到最高点，因大部分企业均有年终入账和年终奖的传统，所以年底呈现出来的经济效益状况最好。从 11 个市各自的效益指数看，季节特征也较为明显（详见表 2）。

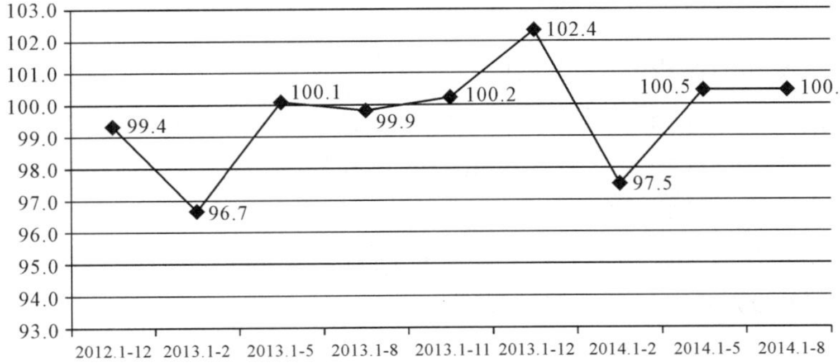

图 2　2012—2014 年全省季度服务业经济效益指数

表 2　2012—2014 年各市季度服务业经济效益指数

地　区	2012.1—12	2013.1—2	2013.1—5	2013.1—8	2013.1—11	2013.1—12	2014.1—2	2014.1—5	2014.1—8
杭州市	103.9	100.1	107.1	106.3	106.3	112.0	103.7	110.3	110.7
宁波市	95.5	92.3	94.0	93.8	94.5	92.2	87.7	90.8	90.5
温州市	102.1	102.7	103.3	102.3	101.3	99.9	98.3	98.8	97.6

续 表

地 区	2012.1—12	2013.1—2	2013.1—5	2013.1—8	2013.1—11	2013.1—12	2014.1—2	2014.1—5	2014.1—8
嘉兴市	100.4	96.2	98.7	100.1	100.6	100.4	94.8	95.7	97.1
湖州市	93.6	110.5	99.0	98.6	98.0	95.8	97.4	96.6	94.1
绍兴市	97.5	97.1	97.3	99.5	99.0	99.0	103.1	97.9	97.3
金华市	111.9	115.0	110.3	108.2	113.1	109.9	115.9	107.8	108.7
衢州市	90.9	91.4	102.0	102.2	103.4	103.3	112.6	91.5	87.2
舟山市	85.2	70.8	78.5	79.4	79.5	79.4	75.7	77.0	78.2
台州市	94.7	95.8	93.2	92.2	92.9	93.5	97.8	97.1	96.7
丽水市	83.9	90.7	87.9	84.0	83.4	83.4	85.6	82.7	82.9

（二）经济发展水平和服务业发展质量有一定反差

人均国民生产总值(GDP)是反映地区经济发展水平或富裕程度的一个主要指标，但与服务业效益指标的对比情况来看，人均国民生产总值高的地方并不见得服务业发展的质量情况好。从各市的效益指数分析，产业单一的地区效益指数相对较低，如舟山因为基本以海运行业为主，所以在全省里排名靠后(详见图3)。与按人均GDP的排序结果进行对比可以发现，服务业经济效益指数与按人均GDP排序的差异较大。以2013年数据为例(详见表3)，人均GDP位于前列的市，服务业效益状况不一定较优，如宁波、舟山人均GDP分别排1、3位，但服务业效益指数却排在9、11位；而一些人均GDP排名靠后的市，其服务业效益发展却相对较好，如金华、衢州人均GDP分别排7、10位，但服务业效益指数分别排在2、3位。

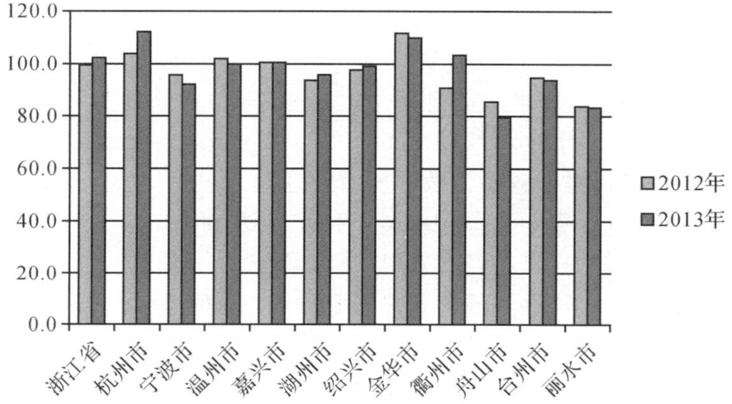

图 3　2012—2013 年各市服务业经济效益指数

表 3　2013 年各市服务业效益指数与人均 GDP 排名对照

地　区	服务业效益指数排名	人均 GDP 排名
杭州市	1	2
宁波市	9	1
温州市	5	9
嘉兴市	4	4
湖州市	7	6
绍兴市	6	5
金华市	2	7
衢州市	3	10
舟山市	11	3
台州市	8	8
丽水市	10	11

(三)转型升级发展战略初见成效

从各行业的服务业效益指数对比来看(详见图 4),信息传输、软件和信息技术服务业的经济效益指数居各门类之首，2012、2013年分别达到148.5和164.1。居第二、三位的是文化、体育和娱乐业，科学研究和技术服务业，两个行业2012年分别为118.2和112.1，2013年分别为121.1和110.9。交通运输、仓储和邮政业，租赁和商务服务业效益指数在所有行业位列最后，两个行业2012年分别为90.8和88.9，2013年分别为90.9和90.4。这说明了我省"调结构、转升级"的经济发展战略初见成效。信息传输、软件和信息技术服务业，科学研究和技术服务业，这两个行业是科技驱动发展的焦点所在，在电子商务不断发展、科研力量不断被重视的现在，这两个行业比其他行业在经济效益发展上确实存在着巨大优势；另一方面，交通运输、仓储和邮政业，租赁和商务服务业，这两个较为传统的服务行业，在人力、能源等要素成本不断上升的压力下，效益情况有所下滑，转型升级的力度需进一步加强。

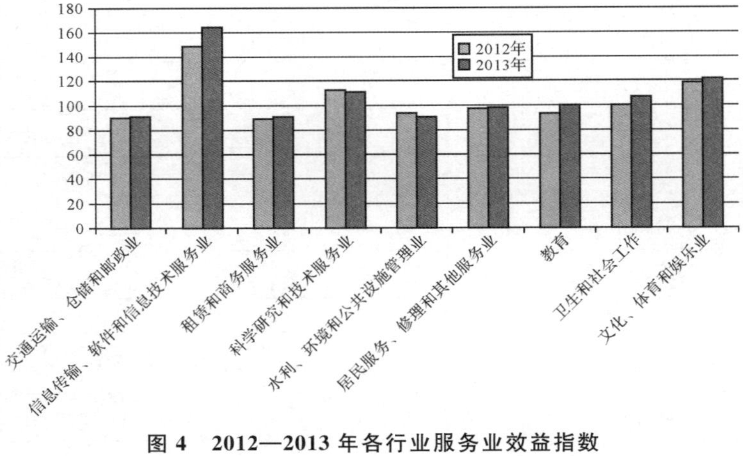

图4　2012—2013年各行业服务业效益指数

（四）效率水平偏低、获利能力较强

从各类指标来看，管理能力、获利能力、效率水平、发展能力和贡献能力这五大类分项指数变化势趋与综合的效益指数并不完全一致（图5）。

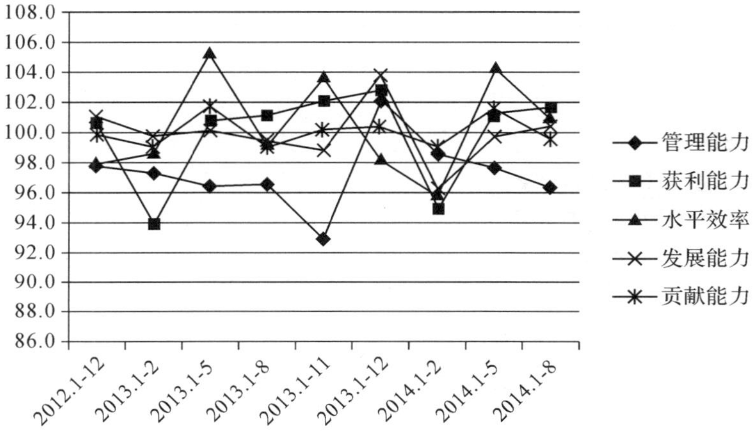

图5 2012—2014年五大方面季度指数变化情况

其中,受税收政策直接影响的贡献能力,由于政策的稳定性所以波动不大;效率水平相对其他方面明显偏弱,也进一步说明我省产业转型升级的紧迫性。另一方面,我省服务业企业在获利能力和发展能力方面表现突出(详见图6),这与浙江民营经济发达的经济结构有关,充满生机和活力的民营经济在服务业发展中如鱼得水,有较强的获利能力以及发展空间。

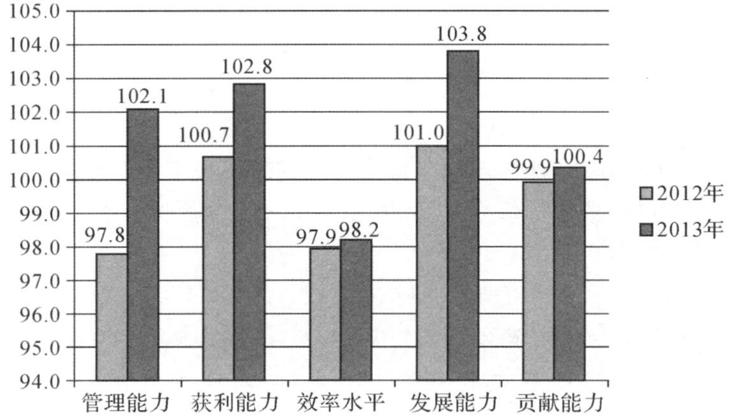

图6 2012—2013年五大方面年度指数

本文通过构建服务业经济效益发展评价指标体系，测算服务业效益指数，更为直观、清晰地反映了浙江服务业经济效益的现状和发展变化情况。科学、合理地利用服务业经济效益评价指标体系和效益指数，可以为今后我省完善服务业发展战略提供政策参考和发展建议，这将有助于推动服务业快速发展和服务业发展质量不断提升，从而促进宏观经济更好更快发展，对优化产业结构，提高综合竞争力和行业竞争力具有十分重要的作用。

课题负责人　沈　毅
课题组成员　陈晓明　张　卫
缪茶英　钱轶娟　陈志林
课题执笔人　陈志林

参考文献

[1] 李强. 关于《服务业企业质量效益统计监测的探索》的批示. 国家统计局工作情况交流，2014.
[2] 四川统计局服务业处. 四川规模以上服务业企业质量效益统计监测(部分行业)，2014.
[3] 袁岩，杨冬梅，贺彬. 企业经济效益综合评价指标体系的构建及评价方法[J]. 山东经济，2008(6).
[4] 张世兴，华曾侃. 新经济效益评价指标体系及其思考[J]. 煤炭经济研究，1995(10).
[5] 郭亚军. 综合评价理论与方法[M]. 北京：科学出版社，2002.
[6] 苏为华. 多指标综合评价理论与方法问题研究[M]. 厦门：厦门大学，2000.
[7] 张先治. 经济效益研究[M]. 大连：东北财经大学出版社，1996.
[8] 黄铁苗. 综观经济效益论[M]. 北京：人民出版社，2001.
[9] 吕宏康. 现代服务业发展水平的评价指标体系研究[M]. 大连：东北财经大学，2011.
[10] 卢洁. 江苏省现代服务业的综合评价研究[J]. 江苏大学，

2009(6).
[11] 李艳华,柳却林,刘建兵.现代服务业创新能力评价指标体构建及应用[J].技术经济,2009(2).
[12] 中国统计学会《综合发展指数研究》课题组.综合发展指数(CDI)研究报告[EB/OL].(2014-12-3)[2012-08-27].http://www.doc88.com/p-243584162355.html.
[13] 国家统计局工交司.新工业经济效益评价考核体系实用手册[M].中国:中国财政经济出版社,2002.
[14] 刘娟.工业经济效益指标体系的再思考[J].统计研究,2004(2).
[15] 张俊俭.完善企业效益指标的思考[J].财经论坛,2004(5).
[16] 杨雄胜,杨臻黛.企业综合评价指标体系研究[J].财政研究,1998(5).
[17] 张浩亮.浙江省服务业企业 1998—1999 年经济效益比较分析[J].浙江财税与会计,2000(1).
[18] 浙江省统计局.2012—2014 浙江统计年鉴[M].北京:中国统计出版社,2012—2014.
[19] 浙江统计信息网[DB/OL].http://www.zj.stats.gov.cn/,2012—2014.
[20] Peter W. Daniels. some perspectives on the geography of services[M]. Progress in Human Geography,1989(427—437).
[21] Dorothy I. Riddle. Martin H. Sours. Service Industries as Growth Leaders on The Padfic Rim[J]. Asia Pacific Journal of Management,1984(5).
[22] David L. McKee. Services Growth Poles and Advanced Economies [J]. Service Business, 2008(2).

第十一章 2013年浙江省生态文明建设综合评价报告[①]

为认真贯彻落实省委关于建设美丽浙江创造美好生活的决定，不断推进我省生态文明建设，省统计局根据《浙江省生态文明建设评价体系(试行)》所规定的评价领域和相关指标，对2013年度全省及11个设区市的生态文明建设进行综合评价。通过对生态经济、生态环境、生态文化、生态制度四大领域的31项有效指标进行测算，形成如下评价结果。

一、2013年度全省生态文明建设总体情况

(一)全省生态文明建设总体呈现稳定发展态势

以2012年全省生态文明总指数为基准值100计算，2013年全省生态文明总指数为100.08(按国家环保部2013年度重点工业污染源达标率新标准计算)。采用旧标准测算为102.27，而2012年为2011年的102.60(旧标准)，表明全省生态文明建设正在稳步推进(见图1)。

---

① 2013年12月19日报送的《2012年浙江省生态文明建设综合评价报告》中2012年总指数及各领域指数是以2011年全省数据为基期计算得出的，由于基数不同，故2012年评价报告中的各市指数及排名与本报告中2012年的相关数据存在一定差异。

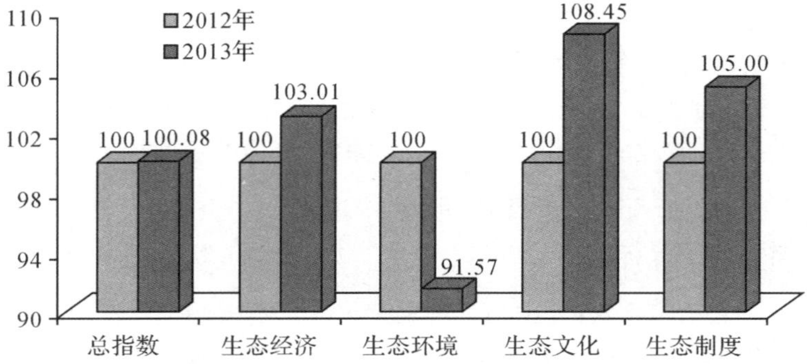

图1 2012—2013年全省生态文明总指数及各领域指数情况

(二)生态经济、生态文化、生态制度等领域进步较大

2013年,在全省生态文明建设评价体系四大领域中,生态经济、生态文化、生态制度三大领域指数分别为103.01、108.45、105.00,均高于全省生态文明总指数的提升幅度,相比2012年也有较大提高。生态经济和生态制度领域指数连续两年有所提高,生态制度领域指数的连续提高表明了我省各级党委、政府注重用制度来加强生态文明建设和保护生态环境。而生态经济领域指数的连续提高更表明了我省在转型升级上取得了成效。生态文化领域指数的大幅度提高表明广大人民群众不仅在环保意识和参与程度上有较大提升,而且对各级党委、政府的工作也给予了认可。民情民意调查结果显示,2013年全省公众对生态文明建设的认知度为44.2%,比上年的39.78%提高了4.42个百分点。生态环境质量公众满意度为67.05%,比上年的65.3%提高了1.75个百分点。

(三)生态环境领域指数有所下降

2013年生态环境领域指数为91.57,下降8.43点,即便排除重点工业污染源达标率标准变化的影响,按旧标准计算该领域指数也仅为97.6,仍呈下降态势。在反映生态环境领域的11项有效指标中，有5项指标回落。尤其值得重视的是城市环境空气优良天数比例、地表水水质达标率、饮用水源水质达标率分别下降5.0、0.5、0.6个百分点，表明我省在治气、治水工作上任重道远，表明省委、省政府“五水共治”和大气治理决策的正确性。

（四）在31项有效测算指标中有21项指标呈现趋好态势，3项指标保持上年水平，7项指标回落

与上年相比，有5项指标明显趋好，分别是农产品中有机绿色及无公害产品种植面积比重、万元工业增加值工业用水量、生态文明宣传普及率、省级以上生态乡镇（街道）比例、规划环评执行率，提升幅度均在4个百分点以上，其中规划环评执行率上升8.73%。其余16项指标也有不同幅度的趋好，其中，高新技术产业增加值比重、第三产业增加值比重、单位GDP化学需氧量排放量、二氧化硫排放量、氨氮排放量、氮氧化物排放量、单位GDP能耗、工业固体废物综合利用率、农村可再生资源利用指数、城乡生活污水集中处理率、城乡生活垃圾无害化处理和收集率等指标的趋好，表明我省在产业结构调整、节能减排、资源利用和环境保护等方面的工作均取得了积极成效。

与上年持平的指标为森林覆盖率、单位林地面积蓄积量、绿色创建活动指数。

回落的指标中，除生态环境领域中的5项指标外，生态经济领域中的人均能源消费量、工业重复用水率回落幅度属于正常波动范围。

二、2013年度各市生态文明建设情况

以2012年全省生态文明总指数为基准值100计算，2013年11个设区市生态文明发展水平从高到低分别为丽水、舟山、台州、杭州、湖州、温州、衢州、金华、宁波、嘉兴、绍兴（见图2）。

（一）各市生态文明建设分层情况分析

按各市生态文明总指数从高到低进行排序，大致可以分为三

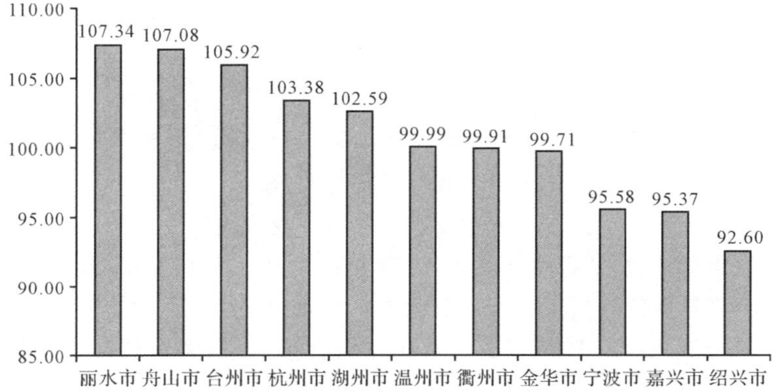

图 2　2013 年各设区市生态文明指数

个层次(见表 1)。

第一层次,生态文明建设发展进程较快的地区。丽水、舟山、台州、杭州和湖州市总指数分别为 107.34、107.08、105.92、103.38 和 102.59,位居全省前五位,领先于全省水平。

丽水市生态环境和文化领域在全省均排名第 1 位,但生态制度和经济领域分别居全省第 6 和 9 位。

舟山市生态经济领域指数居全省第 2 位,生态环境和文化领域指数均居全省第 4 位,生态制度领域指数居全省第 5 位。

台州市生态制度领域居全省第 2 位,生态经济领域指数居全省第 3 位,生态环境和文化领域均居全省第 5 位。

杭州市生态经济领域指数居全省第 1 位,生态环境领域指数排名居全省第 3 位,但生态文化和制度领域指数分别居全省第 9 和 8 位。

湖州市生态文化和制度领域指数分别居全省第 3 和 4 位,生态经济和环境领域指数分别居全省第 10 和 7 位。

第二层次,生态文明建设发展进程一般的地区。温州、衢州和金华市生态文明总指数分别为 99.99、99.91 和 99.71,略低于全省的 100.08,在全省依次排名第 6、7、8 位。

温州市生态经济和环境领域指数居全省第 4 和 6 位,而生态文化和制度领域分别居全省第10和9位。

衢州市生态环境和生态文化领域指数均居全省第2位，生态制度领域指数居全省第7位，生态经济领域居全省第11位。

金华市生态经济、生态环境和生态文化领域指数分别居全省第5、8和7位，生态制度领域指数居全省第11位。

第三层次，生态文明建设进程相对缓慢的地区。宁波、嘉兴和绍兴市的生态文明总指数分别为95.58、95.37和92.60，依次排在全省第9、10、11位，落后于全省平均水平。

宁波市生态经济领域指数排在全省第6位，生态环境、生态文化和生态制度领域指数分别居全省第9、11和10位。

嘉兴市生态制度领域指数居全省第1位，生态文化、生态经济和生态环境领域指数分别居全省第6、8和10位。

绍兴市生态制度领域指数排名居全省第3位，生态经济和生态文化领域指数分别居全省第7、8位，生态环境领域指数均居全省第11位。

由于生态制度领域指数在评价体系中权重较小，而生态经济和生态环境领域指数权重较大，因此，嘉兴和绍兴市虽然在生态制度领域指数上排名靠前，但总指数排名靠后。

上述情况表明，各市在各领域间不平衡现象比较明显，今后要注重领域间的均衡协调发展，要充分利用各自优势，有针对性地采取应对措施和手段，来促进本地区生态文明各领域的全面发展。

表1 2013年各设区市生态文明指数分层情况

类别	地区	总指数	生态经济	生态环境	生态文化	生态制度
第一层次	丽水市	107.34	99.38	102.08	133.05	104.40
	舟山市	107.08	106.90	101.11	118.29	107.56
	台州市	105.92	105.61	99.30	115.70	113.91
	杭州市	103.38	107.20	101.23	102.54	97.30
	湖州市	102.59	98.56	93.57	123.48	111.35

续 表

类别	地区	总指数	生态经济	生态环境	生态文化	生态制度
第二层次	温州市	99.99	105.28	95.49	99.59	96.99
	衢州市	99.91	83.66	101.30	126.53	102.96
	金华市	99.71	104.70	93.36	105.38	91.20
第三层次	宁波市	95.58	101.57	87.74	99.37	94.36
	嘉兴市	95.37	99.89	78.98	109.13	116.77
	绍兴市	92.60	99.99	74.73	104.16	112.90

(二)各市生态文明建设均衡性分析

从各市生态文明建设总指数和各领域发展指数的差异看,2013年地区间总指数最高最低水平之比为1.13,标准差为4.95,比上年有所上升,地区间协调和平衡性略有下降。分领域看,生态环境最高最低水平之比及标准差上升较为明显,是引起总指数上升的主要原因。生态经济、生态制度和生态文化的最高最低水平之比及标准差均有所下降,地区协调和平衡性有所提高(见表2)。

表2 2013年全省四大领域生态文明评价指数及标准差

	指数	最高最低水平之比	标准差
生态经济	103.01	1.28	6.62
生态环境	91.57	1.37	9.41
生态文化	108.45	1.34	11.63
生态制度	105.00	1.28	8.70

从生态环境指数看,2013年地区最高最低水平之比为1.37,标准差为9.41,比上年分别上升0.16和3.59,主要由于环保部提高纺织染整工业水污染物排放标准,导致印染业较为发达的嘉兴和绍兴市生态环境指数仅为78.98和74.73,比上年下降11.7和22.6点,与全省平均水平的差距明显扩大。生态经济的地区平衡

性相对较好，最高最低水平之比和标准差分别为 1.28 和 6.62，均比上年有所下降；生态制度最高最低水平之比和标准差分别为 1.28 和 8.70，比上年有所下降；生态文化的地区平衡性相对较差，最高最低水平之比和标准差分别为 1.34 和 11.63，但也比上年明显下降。

能源处　沈　曦

附录

附表1　2012—2013年全省和11市生态文明总指数及各领域现状水平情况表

	总相数				生态经济				生态环境				生态文化				生态制度			
	2012	排序	2013	排序	2012	排序	2013	排序	2012	排序	2013	排序	2012	排序	2013	排序	2012	排序	2013	排序
浙江省	100.00		100.08		100.00		103.01		100.00		91.57		100.00		108.45		100.00		105.00	
杭州市	105.32	1	103.38	4	105.25	2	107.20	1	109.57	1	101.23	3	100.79	7	102.54	9	96.86	7	97.30	8
宁波市	97.57	6	95.58	9	100.09	6	101.57	6	97.82	6	87.74	9	93.93	9	99.37	11	93.54	9	94.36	10
温州市	95.52	11	99.99	6	101.08	5	105.28	4	94.07	10	95.49	6	82.78	11	99.59	10	108.87	3	96.99	9
嘉兴市	97.29	8	95.37	10	98.70	7	99.89	8	90.67	11	78.98	10	100.89	6	109.13	6	113.13	2	116.77	1
湖州市	104.70	4	102.59	5	96.51	8	98.56	10	103.26	4	93.57	7	121.38	2	123.48	3	108.09	4	111.35	4
绍兴市	96.92	9	92.60	11	95.76	9	99.99	7	97.32	7	74.73	11	95.64	8	104.16	8	104.00	5	112.90	3
金华市	95.95	10	99.71	8	101.47	4	104.70	5	94.16	9	93.36	8	90.74	10	105.38	7	91.29	10	91.20	11
衢州市	97.32	7	99.91	7	80.87	11	83.66	11	102.91	5	101.30	2	110.86	4	126.53	2	115.30	1	102.96	7
舟山市	105.30	2	107.08	2	105.42	1	106.90	2	104.32	3	101.11	4	111.33	3	118.29	4	93.62	8	107.56	5
台州市	99.68	5	105.92	3	102.06	3	105.61	3	96.92	8	99.30	5	107.23	5	115.70	5	81.57	11	113.91	2
丽水市	104.75	3	107.34	1	92.96	10	99.38	9	105.76	2	102.08	1	125.94	1	133.05	1	102.25	6	104.40	6

附表 2　2013 年全省和 11 个市发展进程及各领域发展进程情况表

地区	总指数		生态经济		生态环境		生态文化		生态制度	
	排序	发展进程	排序	发展进程	排序	发展进程	排序	发展进程	排序	发展进程
浙江省	100.08		103.01		91.57		108.45		105.00	
杭州市	98.16	7	101.85	8	92.39	7	101.73	10	100.45	8
宁波市	97.97	10	101.48	9	89.69	9	105.80	8	100.88	7
温州市	104.68	2	104.15	3	101.51	2	120.31	1	89.09	11
嘉兴市	98.03	8	101.21	11	87.11	10	108.17	5	103.22	4
湖州市	97.98	9	102.12	7	90.61	8	101.73	11	103.02	5
绍兴市	95.55	11	104.42	2	76.79	11	108.91	4	108.56	3
金华市	103.92	3	103.19	6	99.15	3	116.13	2	99.91	9
衢州市	102.66	4	103.45	5	98.43	4	114.13	3	89.30	10
舟山市	101.69	6	101.40	10	96.93	5	106.25	7	114.89	2
台州市	106.25	1	103.47	4	102.45	1	107.90	6	139.65	1
丽水市	102.47	5	106.91	1	96.52	6	105.65	9	102.31	6

第十二章　舟山市海洋文化产业发展绩效评价报告

近几年来，文化和海洋成为人们研究的焦点。联合国缔约国文件指出："21世纪是海洋世纪。"海洋关系到一个沿海国家的发展和未来。党的十六大报告指出："当今世界，文化与经济和政治相互交融，在综合国力竞争中的地位和作用越来越突出。"文化产业和海洋经济被公认为是推动社会经济发展的新引擎。2013年10月，《舟山文化产业三年行动计划(2014—2016年)》提出，到2016年，文化产业将成为舟山市经济发展的支柱性产业。舟山，这座日新月异的海洋文化名城，已然着眼未来，在发展海洋经济的同时推动文化产业的发展，在文化产业发展中透着浓浓的"海味"，将文化和海洋紧紧地融合为一体，努力推动海洋文化产业的大发展。

为全面反映我市海洋文化产业发展水平，掌握各县(区)海洋文化产业发展进程，推进舟山海洋文化产业发展建设，参照《舟山市文化产业发展绩效评价办法》(舟宣发〔2014〕36号)文件，按照规模结构、发展活力、素质结构、要素保障等12项评价指标构成的评价体系，并结合其他相关文化产业指标，对2013年度全市及4个县(区)的海洋文化产业发展情况开展绩效评价。总体来看，2013年，全市海洋文化产业发展水平稳步提高，发展速度较快，但发展内容质量不高，产业结构有待进一步调整，要素保障还需加强；4个县(区)海洋文化产业发展水平普遍提升，但区域之间差异较大。

一、2013年全市海洋文化产业发展绩效评价

(一)规模结构

从总量规模看,我市海洋文化产业总量不断扩大,比重逐步提升。2013年,全市海洋文化产业实现增加值35.85亿元,比上年增加3.47亿元,比2010年增加15.55亿元;占2013年GDP比重为3.85%,比上年提高0.05个百分点,比2010年提高0.65个百分点;人均海洋文化产业增加值3139元,比上年增长10.5%。海洋文化产业对经济发展的推动作用日益加大,在加快转变经济发展方式中的作用进一步显现。

从产业结构看,海洋文化第三产业(包括文化产品批发零售、文化服务业)占主导地位,但海洋文化制造业比重有所提升。2013年,海洋文化制造业实现增加值3.11亿元,占海洋文化产业增加值的8.7%,比上年提高5.6个百分点;海洋文化第三产业(包括文化产品批发零售、文化服务业)实现增加值32.74亿元,占海洋文化产业增加值的91.3%。

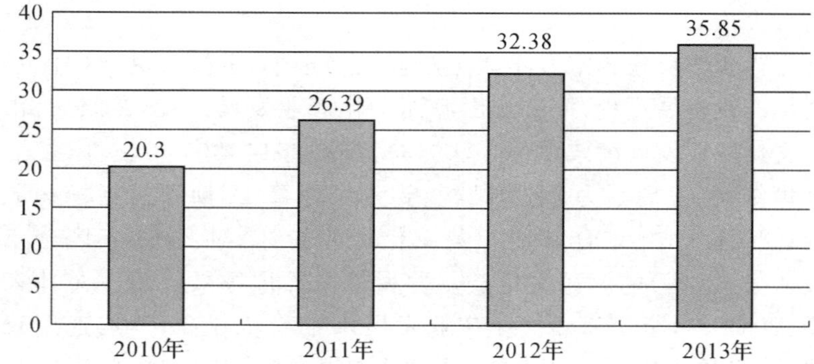

图1 2010—2013年全市海洋文化产业增加值(亿元)

（二）发展活力

从发展速度看，2013 年全市海洋文化产业增加值比上年增长 10.7%（涉及的文化产业增加值增速均按现价计算，下同），其中，文化制造业增加值比上年增长 2.1 倍，文化产品批零业增加值比上年增长 66.0%，文化服务业增加值比上年增长 3.4%。2010—2013 年，全市海洋文化产业增加值的年均增长率为 20.9%，发展速度较快。

从企业发展看，2013 年，全市海洋文化法人单位有 1019 家，比上年增长 9.9%，海洋文化企业个数不断增多，其中新增规上文化制造企业 2 家，限上文化产品批零企业 2 家，规上文化服务企业 1 家。目前，我市已涌现出一批具有一定规模和发展前景的海洋特色鲜明的文化企业，如岑氏木船作坊、普陀圣华桐旅游开发有限公司、舟山市旅游品研究所有限公司等工艺美术制造企业，立足发掘传统海洋文化，打造独具特色的海洋文化产品；浙江海缘影视有限公司在舟山全力打造海莱坞影视基地，标志着舟山本土影视产业起步发展；市艺术剧院经过院团改革，市场运作更加灵活，海之韵艺术团等民营剧团也表现活跃，文化演出市场焕发新的生机；舟山天成广告装饰有限公司、舟山市洛神文化传播策划有限公司等文化传媒企业积极拓展广告设计、活动策划、创意设计等新兴创意产业领域，带动了相关新兴文化创意产业的发展。

从项目建设看，2013 年文化产业项目建设加快推进，普陀保利大剧院、临城大光明巨幕影城、舟山太平洋影城纷纷落成营业；怡岛路文化街项目启动实施，逐步引导相关文化企业进驻该区域，开展各类文化交流活动，培育文化氛围；东沙古渔镇修复开发，打造非遗一条街；中华古帆船研究制作中心、嵊泗县东海渔村渔民画展览体验馆、文化主题岛建设项目、舟山海洋数字图书馆等海洋文化特色项目已进入建设后期。文化产业项目投资后劲较足，2013 年共新增 10 个总投资 500 万元以上的海洋文化产业项目，总投资额为 11.02 亿元。其中，当年开工项目 5 个，总投资额 4.84 亿元，比2012年增长55.6%。2014年,有6个海洋旅游文化产业项目列入舟山市2014年重点建设项目年度计划,计划投资5.29亿元,海洋文化产业项目投资力度不断加大。总体来看,海洋文化产业发展活力不断增强。

（三）素质结构

从核心内容产业看,2013年海洋文化内容产业实现增加值2.9亿元,占海洋文化产业增加值的8.1%。文化内容产业指文化演艺、新闻出版、广播电视电影、动漫、网络游戏、艺术品经营等从事文化内容生产的产业。它是文化产业的核心要素,是文化产业良性健康发展的动力,是提升文化软实力的关键因素。目前,我市海洋文化内容产业总量较小,比重不高,发展仍处于起步阶段。但产业发展前景较好,逐步呈现集群化发展趋势,定海伍玖文化创意中心、舟山市创意软件园快速发展,鲁家峙文化创意园区等文化内容产业园区项目得到实质性推进,其中鲁家峙文化创意园区已完成总工程的30%,累计完成土建投资5382万元,计划在2014年底前完成园区一期工程;定海伍玖文化创意产业园二期完成土地征用、项目审批、拆迁安置等前期工作,即将开工建设。

从品牌建设看,2013年,全市市级以上文化著名商标数量仅有2个,均为市级文化名牌产品。我市海洋文化企业的品牌意识较弱,品牌效应不高,品牌建设能力较低。从对外交流看,我市积极组织企业参加中国义乌文化产品交易博览会、中国(深圳)国际文化产业博览交易会、海峡两岸(厦门)文化产业博览交易会等文化展销活动,2013年现场交易额近10万元,意向性订单额700余万,扩大了舟山海洋文化产品的知名度,打开了海洋文化产品的市场销路。在对外贸易方面,我市海洋文化产品出口占比很低,且产品单一,均为玩具出口。2013年全市海洋文化产品出口额173万美元,当年全市外贸出口总额为66.49亿美元。总体来看,海洋文化产业素质结构较低。

(四)要素保障

在制度保障方面,我市出台了《舟山文化产业三年行动计划(2014—2016 年)》,对近期文化产业发展目标、任务、措施进行逐项细化,进一步明确了今后几年舟山文化产业发展思路和具体举措;研究制定《关于促进舟山渔民画产业发展的实施意见》,提出一系列支持渔民画产业化发展的措施和扶持政策,通过资金扶持、平台建设、人才培养、品牌建设、产业引导等手段,促进渔民画产业结构优化升级,推动舟山渔民画产业健康持续发展。

在财政税收方面,海洋文化产业发展的相关资金支持和税收优惠政策得到进一步落实。2012 年全市海洋文化企业减免税数额达 99.57 万元,2013 年为 105.83 万元。财政税收支持力度有所增强,但幅度不大。2012 年全市地方财政公共文化事业费支出 31443 万元,其中文化专项资金 583 万元;2013 年全市地方财政公共文化事业费支出 36630 万元,其中文化专项资金 555.8 万元。

在人才要素方面,到 2013 年,全市拥有市级以上文化高层次人才 34 人,其中国家级文化高层次人才 1 人,省级文化高层次人才 3 人,市级文化高层次人才 30 人。全市拥有省级以上非遗代表性传承人才 15 人,省级以上工艺美术大师 1 人。海洋文化人才数量较少,人才级别不高。总体来看,我市海洋文化产业的要素保障还有待加强。

二、2013 年分县(区)海洋文化产业发展绩效评价

(一)分项评价县(区)

从总分看,各县(区)海洋文化产业发展绩效得分的排序情况依次为:定海(79.91)、普陀(77.06)、嵊泗(71.20)、岱山(70.84)。排在第一、二位的普陀与定海之间分数相差不多,但前两位与后两位之间的分数有较大差距,说明地区间海洋文化产业发展总体水平存在一定差距。

表1 2013年各县(区)海洋文化产业发展绩效评价情况

项目 地区	规模结构	发展活力	素质结构	要素保障	总评分
定海	24.72	21.19	17.60	16.40	79.91
普陀	30.00	16.53	14.41	16.12	77.06
岱山	18.57	17.60	21.24	13.43	70.84
嵊泗	18.22	15.31	18.87	18.80	71.20

从规模结构看,普陀(30.00)稳稳位居第一,定海(24.72)处于中位,而岱山(18.57)和嵊泗(18.22)处于下游,与前两位的县(区)差距很大。

从发展活力看,定海(21.19)的发展活力最强,岱山(17.60)次之,普陀(16.53)位于第三,嵊泗(15.31)居末。

从素质结构看,岱山(21.24)得分最高,嵊泗(18.87)次之,定海(17.60)位列第三,普陀(14.41)最末。

从要素保障看,嵊泗(18.8)位于第一,定海(16.40)和普陀(16.12)处于中游,岱山(13.43)处于末位。

综合来看,四个县(区)间的总体发展水平虽然存在一定差距,但每个县(区)都有优势领域和劣势领域。

(二)各县(区)海洋文化产业发展情况具体分析

1. 定海区

2013年,定海区海洋文化产业发展绩效评价总分为79.91,居全市首位。分领域看,定海区在发展活力方面优势明显,在其他三个领域位于中游,略有不足。分指标看,有4个指标居全市首位:新增规上限额以上文化企业个数、新增总投资500万元以上文化产业项目数、文化内容产业增加值占文化产业增加值的比重和文化企业减免税数额;有4个末位指标:市级以上文化著名商标数量、文化产品和服务贸易出口额占外贸出口额比重、文化产业专项资金占公共财政预算支出比重及市级以上文化高层次人才数量。

2013 年,定海区实现海洋文化产业增加值 14.07 亿元,比上年增长 10.6%,占全区 GDP 比重为 3.70%。其中,海洋文化制造业增长迅猛,实现增加值 2.16 亿元,比上年增长 3.3 倍,特别是规上文化制造业,由 2012 年的 3 家增加到 5 家,实现增加值 2.11 亿元,比上年增长 8.6 倍。在文化产业项目投资方面,定海区狠下力气,2013 年新增 5 个 500 万以上文化产业投资项目,总投资额 4.84 亿元,比上年增长 29.3 倍。其中,定海伍玖文化创意园在一期的基础上,再投资 2.5 亿元,建设伍玖文化创意园二期。该园区是定海区重点打造的文化创意产业集聚平台,主要引进船舶设计、建筑设计、文化传媒、咨询策划以及时尚消费创意(动漫、服装设计)等文化创意企业。2013 年,园区实现产值 2 亿元,亩产 200 万元。同时,伍玖文化创意园也是定海区发展海洋文化内容产业,提高全区文化软实力的重要平台之一,2013 年定海区实现海洋文化内容产业增加值 2.34 亿元,占全区海洋文化产业增加值的 16.6%。

2. 普陀区

2013 年,普陀区海洋文化产业发展绩效评价总分为 77.06,居全市第二位。分领域看,普陀区在规模结构方面优势明显,在素质结构方面处于劣势。分指标看,有 4 个首位指标:文化产业增加值、文化产业增加值占 GDP 的比重、人均文化产业增加值和市级以上文化高层次人才数量;有 5 个末位指标:文化产业增加值增速、新增总投资 500 万元以上文化产业项目数、文化内容产业增加值占文化产业增加值的比重、市级以上文化著名商标数量和文化企业减免税数额。

2013 年,普陀区实现海洋文化产业增加值 16.45 亿元,比上年增长 10.2%,占全区 GDP 比重为 5.48%。其中,海洋文化第三产业(包括文化产品批零、文化服务业)实现增加值 16.25 亿元,比上年增长 10.6%;海洋文化第三产业法人单位 220 家,占全区海洋文化法人单位的 91.7%。普陀区是全市海洋旅游资源最为丰富的县(区),当地政府充分利用海洋海岛特色资源,深入挖掘海洋文化、民间渔俗文化和南海观音文化元素，积极拓展海洋文化外延，努力开发佛教文化功能，着力打造海洋旅游文化精品，形成了中国国际沙雕节、沈家门渔港民间民俗大会、桃花岛金庸武侠文化节、南海观音文化节等一批文化品牌；培养了一批海洋特色鲜明的文化企业，其中，舟山普陀印象旅游文化发展有限公司、舟山国际沙雕有限公司已列入浙江省文化产业发展"122 工程"重点企业，普陀岑氏木船作坊列入浙江省成长型文化出口重点企业。同时，普陀区牢牢抓住舟山群岛新区发展契机，加快实现海洋文化产业结构转型升级，努力提升海洋文化产业层次，以鲁家峙岛为核心，打造海洋文化创意岛，岛上的普陀海洋文化创意产业园集海洋旅游、海洋文化、海钓帆船游艇运动产业园于一体，定位为"景区级标准泛游艇类综合性产业园区"，规划用地近 300 亩，海岸线长 1500 多米，分三期建设。

3. 岱山县

2013 年，岱山县海洋文化产业发展绩效评价总分为 70.84，居全市末位。分领域看，岱山在素质结构方面较有优势，在要素保障方面处于末位。分指标看，有 3 个首位指标：文化产业增加值增速、市级以上文化著名商标数量及文化产品和服务贸易出口额占外贸出口额比重；有 4 个末位指标：人均文化产业增加值、新增规上限额以上文化企业个数、新增总投资 500 万元以上文化产业项目数和市级以上文化高层次人才数量。

2013，岱山县实现海洋文化产业增加值 3.8 亿元，比上年增长 13.4%，占全县 GDP 比重为 2.15%。其中，规下文化制造业成长快速，规下文化制造业企业由 2012 年的 40 家增加到 72 家，增长 80%，实现增加值 0.36 亿元，比上年增长 3 倍。岱山的文化制造业以玩具制造为主，经历了金融危机后的转型阵痛，玩具生产企业改造生产设备，加大研发投入，从来样加工慢慢转向自主研发，产品远销日本和美国。2013 年，岱山玩具出口 170 万美元，比上年增长 65%。在海洋文化服务业方面，岱山的海洋旅游业发展快速，2013 年旅游总收入 29.04 亿元，比上年增长 13.8%。这要归功于岱山县善于发掘隐性的海岛海洋文化资源，独辟蹊径地建设了海洋文化系列博物馆：中国台风博物馆、中国海洋渔业博物馆、中国灯塔博物馆、中国盐业博物馆、中国海防博物馆和中国岛礁博物馆等，实现了自然景观和人文景观的有机结合，丰富了海洋文化产品的种类，提高了海洋文化产品的品位。

4. 嵊泗县

2013 年，嵊泗县海洋文化产业发展绩效评价总分为 71.20，位列全市第三。分领域看，嵊泗在要素保障方面较有优势，在规模结构和发展活力方面处于末位。分指标看，有 3 个首位指标：市级以上文化著名商标数量、文化产业专项资金占公共财政预算支出比重和文化高层次人才数量；有 6 个末位指标：文化产业增加值、文化产业增加值占 GDP 的比重、新增规上限额以上文化企业个数、新增总投资 500 万元以上文化产业项目数、文化产品和服务贸易出口额占外贸出口额比重及文化企业减免税数额。

2013 年，嵊泗县实现海洋文化产业增加值 1.54 亿元，比上年增长 11.1%，占全县 GDP 比重为 2.09%。嵊泗县的海洋文化产业结构较为单一，海洋文化服务业占绝对主导地位，2013 年海洋文化服务业法人单位占全县海洋文化法人单位的 83.8%，海洋文化服务业增加值 1.5 亿元，占海洋文化产业增加值的 97.4%。其中，海洋旅游业是推动嵊泗海洋文化产业发展的关键力量，2013 年嵊泗旅游接待人数 315.03 万人次，实现旅游总收入 30.07 亿元，分别比上年增长 17.0%和 18.9%。嵊泗围绕“离岛、微城、慢生活”的主题，大力打造嵊泗渔歌、渔家民画、渔家剪纸、海防文化和海洋风光摄影等海洋文化金名片；依托深厚的海洋民俗文化底蕴，不断提升海岛渔家乐的品质内涵，加快推动渔家乐产业转型升级，形成了泗礁本岛一带独具风格、游人趋之若鹜的渔家乐示范区。

三、海洋文化产业发展存在的问题

通过对 2013 年全市海洋文化产业发展的绩效评价，我们注意到了海洋文化产业在发展中存在的问题和瓶颈。

（一）产业发展水平仍不高

在规模结构上，尽管舟山海洋文化产业的年均增长速度保持较快水平，但我市海洋文化产业仍处于起步阶段，海洋文化产业在国民经济中所占的比重小，与2016年达到占GDP比重6%这一目标相差甚远。海洋文化产业结构虽在逐步调整，但发展仍不均衡，文化产业制造业、批发零售业和文化服务业的比例为8.7∶2.2∶89.1，覆盖70个文化行业小类，仅占全部文化产业分类小类的58.3%，传统海洋文化产业比重过高，行业覆盖面不够广，文化产品种类不够丰富，海洋文化产业转型升级速度较慢。在素质结构上，文化内容产业发展较晚，占比较低，产业发展与科技进步相结合的能力较弱，数字、网络等现代信息技术在文化产品创作、生产、传播等各个环节中的应用水平不高，不利于海洋文化产业的持续健康发展。

（二）企业竞争能力不强

与省内其他地市相比，我市海洋文化企业数量较少，规模小，全市仅有1家大型文化企业，9家中型文化企业，其他均为小型微型企业；达到规上限上标准的文化单位少，产出能力不强；国家级、省级文化重点企业少，全市仅有两家文化企业列入省文化产业发展"122工程"。海洋文化企业自身的品牌建设能力不足，品牌意识不够，削弱了企业竞争力和影响力。尽管我市的一些海洋民俗文化，如渔民画在国内屡获大奖，声名远播并远赴海外参展，但海洋文化产品没有真正走出国门，每年仅有少量的玩具出口，产品结构单一，缺乏国际竞争力和影响力。

（三）产业要素保障还有待加强

新兴产业的发展需要充分的多渠道的融资以及足够的资金来支撑。舟山现有的文化体制仍然以政府投资为主，而政府的财政力量有限。尽管近几年政府对文化的支持力度逐年加大，也有意加大对文化产业的投入，但财政支出的重点仍以公益性文化事业为主，专门扶持经营性文化产业发展的文化专项资金仍相对较少，仅数百万的规模，分配给各个企业、项目的扶持金额捉襟见肘，影响了专项资金引导扶持作用的发挥。海洋文化产业人才短缺，特别是从事内容生产的创意人才和高级经营管理人才尤其缺乏，影响了文化企业的发展，也制约了创意设计、动漫游戏等文化内容产业前沿领域的开发。

（四）文化资源转化能力还不足

舟山海洋文化资源极其丰厚，但只有将其开发成文化产品和服务并努力提高文化产品和服务的附加值，才能将其转化为产业资源和生产力，我市在将文化资源转化为产业资源，将文化转化为现实生产力上还有待加强。比如，我市的海洋节庆会展较多，每年有大大小小的涉海类节庆活动近 20 个，吸引了大量旅客和商家。但整个海洋节庆会展业的产业化程度并不高，经济效益不明显，全市共有 17 家会展服务企业，规模小，收入低，经营分散。2013 年，我市海洋会展服务业增加值仅 584 万元。再比如，我市海洋非物质文化遗产资源丰富，有舟山锣鼓、定海木偶戏、嵊泗渔歌等，但这些民俗民间艺术仍处于自然存在的形态，表现手法和艺术创作仍停留在传统方式方法，难以打开市场，形成产业。

四、推进海洋文化产业发展的建议

（一）加快海洋文化产业转型升级，解放海洋文化生产力

1. 改造传统文化产业，创新文化产品

积极推动传统文化产业升级改造，紧紧围绕市场需求，挖掘文化深层内涵，开发和培育文化新产品，重视产品和服务的个性化、特色化、品牌化，针对性地在海洋休闲观光、涉海节庆、海洋工艺品制造、涉海艺术创作、海洋音像图书出版等领域推陈出新，开发经济附加值高、市场竞争力强、市场需求大、产业关联度大的文化产

品。以信息技术为支撑,大力发展电子商务,推进传统文化产业向新的生产模式、营销模式和消费模式扩展。

2. 运用现代科技,促进海洋非物质文化旅游发展

推动海洋非物质文化遗产资源开发与海洋旅游的融合发展,实现非物质文化遗产的产业化;在海洋非物质文化遗产创作、生产、表演中运用现代高科技,更好地提升海洋非物质文化遗产的感官体验,更好地满足游客求奇求异的需求,以便更好地为大众、市场所接受。如开发海洋非物质文化遗产的数字化信息获取技术、多媒体虚拟场景协调展示技术;利用虚拟现实技术对传统海洋手工艺的生产方式、使用方式、消费方式、流通方式、传播传承方式等文化存在方式进行再现等。

3. 加快发展文化内容产业,促进产业结构调整

大力发展广播电视电影、动漫、网络游戏、新闻出版等内容产业,积极构建以文化内容产业为核心,以文化创意产业为先导,结构合理、优势突出、科技含量高、创意新颖、竞争力强的现代文化产业体系。大力发展与高新技术密切结合的新兴海洋文化产业,全面提高文化产业的科技实力,以科技创新促进产品创新和管理创新,提高海洋文化产业竞争力。

(二)充分运用政府引导,加快海洋文化产业发展

充分发挥政府在海洋文化产业市场规范、宏观管理等方面的积极作用,引导海洋文化产业有序发展:一是要发挥政策导向作用,通过政策宣传和项目招商,鼓励引导有实力的企业投资文化项目,鼓励引导社会资本投资文化创意产业;二是发挥服务作用,搭建政府与文化企业的沟通桥梁,为文化企业提供信息咨询、商贸合作、招商引资、市场拓展、人才培训、科技创新、法律援助等方面的服务;三是运用财政税收调节手段,完善和落实各项产业发展政策和税收优惠政策,加大文化产业专项资金的投入,加强资金运行的监督和管理,提高政策红利效应。

（三）培育壮大市场主体，提升海洋文化产业集聚力

培育一批具有自主知识产权、知名品牌、市场占有率较高的大型海洋文化企业，逐步提高文化产业集中度，实现对资源的有效开发；大力扶持中小文化企业，引导中小文化企业走“专、尖、特、新”的道路；大力发展定海伍玖文化创意园等海洋文化产业园区，完善配套服务平台设施，形成布局集中、业态多样、辐射带动能力强的海洋文化产业集聚区；打造一批发扬传统、创新工艺、创造就业的特色文化产业乡村和区域性特色文化产业群。

（四）实施人才培育工程，建造智力支持环境

拓宽人才培育渠道，鼓励文化企事业单位以多种形式与各地著名高校、科研院所、企业开展广泛合作，就海洋文化产业发展中的重点领域、重点问题展开合作研究，就文化产业人才培养和人才交流等方面开展合作。完善各类文化业务培训和继续教育培训，提高文化产业从业人员的业务素质和技能水平，鼓励岗位成才；创新分配机制和激励机制，积极探索年薪制、股权制等分配制度，完善各项人才配套政策和服务，创新“引得进、留得住”的人才引进机制。

（张 荣 王燕微 王黛琼）

第十三章　台州现代化进程评价

一、前言

世界现代化至今已经历了两百多年的历史，关于现代化进程的系统理论研究大致是从20世纪50年代开始的。在20世纪后50年里，现代化理论研究大致经历了三个阶段。第一阶段是20世纪五六十年代的现代化研究，其理论成果主要是经典现代化理论；第二阶段是20世纪七八十年代的后现代化研究，包括对经典现代化理论的批评和发展，以及后现代主义和后现代化理论的兴起；第三阶段是20世纪八九十年代的新现代化研究，涌现了一批新的现代化理论，如生态现代化理论、再现代化理论和第二次现代化理论等。

从世界现代化理论研究的历程来看，随着世界现代化进程的不断推进，现代化理论研究也在不断地完善与发展，既归纳阐述了现代化的特征态势，又对现代化的未来发展进行了理论指引。因而对一个国家或地区的现代化进程研究来说，确定一个科学的相对比较完善的现代化研究理论，不仅能正确地描述、评价现代化的发展态势、所处的发展阶段，还对今后现代化发展战略的选择有重要的指导意义。从世界现代化理论的发展来看，第二次现代化理论既与其他现代化理论关系紧密，又有鲜明特点。第二次现代化理论把18世纪到21世纪的世界现代化进程分为第一次和第二次现代化两个阶段，即第一次现代化是以发展工业经济为特征的经典现代化，第二次现代化是以发展知识经济为特征的新现代化。

我们认为第二次现代化理论是一套相对比较完善的、科学的现代化理论研究体系，本文将引用第二次现代化理论对台州的现代化进程进行评价与分析。

二、台州第一次现代化的综合评价

（一）第一次现代化的评价指标体系和评价方法

1. 评价指标体系

第二次现代化理论中建立了一个第一次现代化评价模型，是以英克尔斯的评价指标体系为基础，根据工业化国家 20 世纪五六十年代的发展水平，适当调整评价标准，并制定合理的评价方法所形成的。评价体系由 10 个指标构成，其中有 4 个指标是经济发展指标，有 6 个指标是社会发展指标，具体指标及其评价标准值见表 1。

表 1 第一次现代化的评价指标及评价标准

	指 标	标准值	备 注
经济指标	人均 GNP（美元）	逐年计算	正指标
	农业增加值占 GDP 比重	15%以下	逆指标
	第三产业增加值占 GDP 比重	45%以上	正指标
	农业劳动力占总劳动力比重	30%以下	逆指标
社会指标	城市人口比例	50%以上	正指标
	每千人口中的医生人数（人）	1 人以上	正指标
	婴儿死亡率	3%以下	逆指标
	平均预期寿命（岁）	70 岁以上	正指标
	成人识字率	80%以上	正指标
	大学普及率	15%以上	正指标

在10个评价指标中，人均GNP是一个关键指标，它受统计方法、物价指数和国际汇率等的影响。在第一次现代化的评价体系中，人均GNP是以1960年19个工业国家人均GNP的平均值1280美元为基准值，以后逐年根据美元的通货膨胀率计算标准值。如1960年标准值为1280美元，1970年为1702美元，1980年为3411美元，1990年为5147美元，2000年为6399美元，2010年为8000美元。另外，由于一国的某一区域的GNP很难核算，一般用GDP来代替GNP。GDP是核算一个国家或地区所有常住单位在一定时期内生产活动的最终成果，世界各国在计算人均GDP时都采用常住人口数。2010年台州按常住人口计算的人均GDP为41172元，按照当年年平均汇率6.77计算为6083美元。

2. 评价方法

权重的确定：第二次现代化理论认为，在10个计算评价指标中，经济指标之间是紧密关联的，社会指标之间是紧密关联的，经济指标和社会指标之间也是关联的。在进行总评价时，很难确定各个指标的合理权重，因此确定每个指标的权重相等。

评价方法：将评价对象的10个指标分别与第一次现代化标准值进行对比，计算单个指标的达标程度，然后计算第一次现代化的实现程度。其中：正指标的达标程度＝(指标实际值÷标准值)×100

逆指标的达标程度＝(1÷指标实际值÷标准值)×100

当评价结果数值大于100时，结果取100；当评价结果数值等于或少于100时，结果取实际值。

第一次现代化实现程度＝单个指标达标程度的加和÷指标个数

根据一个国家或地区社会经济第一次现代化的实现程度，可以分成四类：一是完全实现，10个指标都达到标准；二是基本实现，60%以上的指标(6—9个)达到标准；三是部分实现，部分指标(1—5个)达到标准；四是完全没有实现，没有一个指标达到标准。

3. 发展阶段分析

在第一次现代化过程中，农业经济比重持续下降；工业经济比重不断上升，并超过农业经济比重，当工业经济上升到一定水平后，就会上下波动；服务经济不断上升。经济结构的变化非常明显，其特征成为划分第一次现代化发展阶段的信号指标。具体的信号指标及其划分标准见表 2。

表 2　第一次现代化信号指标的划分标准

	农业增加值占 GDP 比例	农业增加值/工业增加值	赋值
过渡期	＜5%	＜0.2	4
成熟期	5%—15%，＜15%	0.2—0.8，＜0.8	3
发展期	15%—30%，＜30%	0.8—2.0，＜2.0	2
起步期	30%—50%，＜50%	2.0—5.0，＜5.0	1
传统社会	＞50%	＞5.0	0
	农业劳动力占总劳动力比例	农业劳动力/工业劳动力	
过渡期	＜10%	＜0.2	4
成熟期	10%—30%，＜30%	0.2—0.8，＜0.8	3
发展期	30%—50%，＜50%	0.8—2.0，＜2.0	2
起步期	50%—80%，＜80%	2.0—5.0，＜5.0	1
传统社会	＞80%	＞5.0	0

发展阶段的判断方法：将评价对象的每个信号指标的实际值与标准值进行比较，判断其发展阶段，并根据其相应的赋值来确定评价值，然后取 4 个信号指标评价结果的算术平均值，结合第一次现代化的实现程度来确定发展阶段。

（二）台州第一次现代化的综合评价

根据第一次现代化的评价模型，我们对台州的第一次现代化进程进行了评估。台州第一次现代化进程具有以下特点：

1.2010年台州第一次现代化实现程度为96.9%,基本实现第一次现代化,即将进入第一次现代化的过渡期

2010年台州第一次现代化的实现程度为96.9%,比2000年提高16.8个百分点,10个评价指标有8个指标完全达标,有2个指标的实现程度在75%以上,台州已基本实现第一次现代化。根据第一次现代化发展阶段信号指标的划分标准,台州第一次现代化信号指标的综合评价值为3.25,处于成熟期与过渡期之间。综合来看,目前台州第一次现代化即将进入过渡期的发展阶段。

表3 台州第一次现代化评价指标

	指标	标准值	2000年		2010年	
			实际值	实现程度	实际值	实现程度
经济指标	人均GDP(美元)	6399/8000	1582	24.72	6083	76.04
	农业增加值占GDP比重	15%以下	12.68	100	6.61	100
	第三产业增加值占GDP比重	45%以上	29.21	64.91	41.69	92.64
	农业劳动力占总劳动力比重	30%以下	33.41	89.78	16.23	100
社会指标	城市人口比例	50%以上	37.91	75.82	55.54	100
	每千人口中的医生人数(人)	1人以上	1.19	100	1.98	100
	婴儿死亡率	3%以下	1.014	100	0.479	100
	平均预期寿命(岁)	70岁以上	74.94	100	78.17	100
	成人识字率	80%以上	89.85	100	90.49	100
	大学普及率	15%以上	6.8	45.33	26	100
第一次现代化实现程度				80.1		96.9

注:1.资料来源:《台州统计年鉴》,2000年和2010年《人口普查资料》。
2.大学普及率为浙江省平均水平。
3.人民币与美元的汇率按《中国统计年鉴》公布为准,2000年为8.28,2010年为6.77。
4.人均GDP按常住人口计算。

2.台州第一次现代化水平的横向比较

2010年台州第一次现代化的实现程度比世界平均水平高0.9个百分点,比中国平均水平高4.9个百分点,但比浙江省平均水平低2.3个百分点。与2000年相比,台州第一次现代化的实现程度与浙江省的差距缩小了 0.4 个百分点，并且已经超过了世界平均水平。从发展速度来看，台州第一次现代化发展速度较快，高于同期浙江省和世界平均速度，但低于中国平均速度。在 2000 年到 2010 年期间，台州第一次现代化实现程度的年均增长率为 1.9%，而同期浙江省和世界的平均值分别为 1.8%和 0.7%，中国平均速度为 2%。

表 4　台州第一次现代化水平的横向比较

单位：%

	2000 年 实现程度	2010 年 实现程度	2000—2010 年平均发展速度
台州平均水平	80.1	96.9	1.9
世界平均水平	89.4	96	0.7
中国平均水平	75.5	92	2.0
浙江省平均水平	82.8	99.2	1.8

三、台州第二次现代化的综合评价

（一）第二次现代化的评价指标体系与评价方法

1. 评价指标体系

目前，世界上还没有一个国家已经实现第二次现代化，第二次现代化尚处于发展阶段，并且是不断发展和变化的，各项发展指标也都是动态的，没有形成类似经典现代化般的固定模式或标准模式。因而，第二次现代化理论认为，对第二次现代化进展评价的目的是评价世界、不同国家和地区新现代化的发展水平，而不是评价它们是否实现了第二次现代化。中科院“中国现代化战略研究课题组”以第二次现代化理论为基础，提出了一套第二次现代化的评价模型，共有 4 大类 16 个具体指标和 1 个特别指标。4 大类指标分别是知识创新指标、知识传播指标、知识应用指标 I

(生活质量)指标和知识应用指标Ⅱ(经济质量)指标,特别指标是第二次现代化信号指标。为了反映第二次现代化的动态变化,评价模型中的评价指标和基准值都是动态的,即选择评价数据的最近一年为基准年,用基准年世界高收入国家(按世界银行《世界发展报告》公布的数据为准)发展指标的平均值为基准值(定为100),再把评价对象的发展指标与基准年比较,计算评价对象的发展指数。

表5 第二次现代化评价指标体系与基准值

评价指标	具体指标	指标解释	2010年标准值
知识创新	知识创新经费投入	R&D经费占GDP比重(%)	2.4
	知识创新人员投入	从事R&D活动的科学家和工程师全时当量/万人(人/万人)	39.8
	知识创新专利产出	居民申请国内发明专利数/百万人(项/百万人)	690
知识传播	中学普及率	在校中学生人数占适龄人口的比例(%)	100
	大学普及率	在校大学生人数占适龄人口的比例(%)	72
	移动通讯普及率	移动通讯用户/百人口(%)	98
	互联网普及率	互联网用户/百人口(%)	73
生活质量	城市人口比例	城市人口占总人口比例(%)	80
	医疗服务	每千人口中的医生数(医生个数/千人)	2.8
	婴儿死亡率	每千例活产婴儿在1岁内的死亡率(‰)	5
	平均预期寿命	新生儿平均预期寿命(岁)	80
	人均能源消费量	人均事业能源消费(千克石油当量)	4999
经济质量	人均GDP	人均生产总值(美元)	38811
	人均购买力	按购买力评价PPP计算的人均国民收入(国际美元)	37322
	物质产业增加值比重	农业和工业增加值占GDP的比例(%)	26
	物质产业劳动力比重	农业和工业劳动力占总劳动力的比例(%)	26

2. 评价方法

权重的确定：第二次现代化理论专家认为，评价模型中的各个领域和指标一般是正相关的，每个领域和指标都相互影响，其发展都很重要，很难确定其权重，因此在评价时确定每个指标的权重相等。

评价方法：将评价对象的每个发展指标分别与基准值进行比较，计算单个指标的发展指数，然后计算大类指标和第二次现代化的发展指数。其中：正指标的发展指数＝(指标实际值÷基准值)×100

逆指标的发展指数＝(1÷指标实际值÷基准值)×100

大类指标的发展指数＝各小类指标发展指数的加和÷指标个数

当评价结果数值大于120时，结果取120；当评价结果数值等于或少于120时，结果取实际值

第二次现代化发展指数＝4大类指标的发展指数加和÷4

3. 发展阶段的分析

在第一次现代化过程中，工业增加值占GDP的比例和工业劳动力占总劳动力的比例持续上升，然后在一个范围内上下波动。当工业增加值占GDP的比例和工业劳动力占总劳动力的比例持续下降时，表明这个国家或地区开始迈向第二次现代化。第二次现代化的信号指标分为产业结构指标和劳动力结构指标。具体的信号指标及其划分标准详见下表。

发展阶段的判断方法：将评价对象每个信号指标的实际值与标准值进行比较，判断其发展阶段，并确定相应的评价值，然后取全部信号指标评价结果的算术平均值，结合第二次现代化的总体发展水平来确定发展阶段。

表6　第二次现代化的信号指标及标准

产业结构信号	标　准	赋值	劳动力结构信号	标　准	赋值
成熟期	工业增加值占 GDP 比例下降，物质产业增加值占 GDP 比例低于 20%	3	成熟期	工业劳动力比例下降，物质劳动力比例低于 20%	3
发展期	工业增加值占 GDP 比例下降，物质产业增加值占 GDP 比例低于 30%	2	发展期	工业劳动力比例下降，物质劳动力比例低于 30%	2
起步期	工业增加值占 GDP 比例下降，物质产业增加值占 GDP 比例低于 40%	1	起步期	工业劳动力比例下降，物质劳动力比例低于 40%	1
准备阶段	工业增加值占 GDP 比例波动，物质产业增加值占 GDP 比例低于 50%	—	准备阶段	工业劳动力比例波动，物质劳动力比例低于 50%	—

(二)台州第二次现代化的综合评价

根据第二次现代化的评价模型与评价方法,我们对台州第二次现代化的发展水平进行了初步评估。台州第二次现代化进程的主要特征有:

1. 2010 年台州第二次现代化的发展指数为 59. 1,尚未步入第二次现代化的发展轨道

随着改革开放的不断深入和全球一体化步伐的不断加快,第二次现代化的许多因素被引入台州,如知识化、信息化、网络化和全球化等,台州第二次现代化的发展指数在稳步提高,第二次现代化已经在台州扎根开花。以 2010 年世界高收入国家发展指标的平均值为基准值(为 100),经初步测算,台州 2010 年的第二次现代化发展指数为 59. 1。与 2010 年世界平均发展指数 51 和全国平均发展指数 49 相比,台州的发展指数分别高 4. 1 点和 10. 1 点,但 2010 年台州的第二次现代化发展指数低于浙江省平均水平 6. 9 点。

表 7　台州第二次现代化评价指标

评价指标	具体指标	2010 年标准值	2010 年		
			实际值	发展指数	领域发展指数
知识创新	知识创新经费投入(%)	2. 4	1. 26	52. 5	50. 2
	知识创新人员投入(人/万人)	39. 8	28. 44	71. 5	
	知识创新专利产出(项/百万人)	690	184	26. 7	
知识传播	中学普及率(%)	100	93. 4	93. 4	74. 7
	大学普及率(%)	72	26	36. 1	
	移动通讯普及率(%)	98	93. 3	95. 2	
	互联网普及率(%)	73	53. 8	74. 0	

续 表

评价指标	具体指标	2010年标准值	2010年		
			实际值	发展指数	领域发展指数
生活质量	城市人口比例(%)	80	55.54	69.4	78.6
	医疗服务(医生个数/千人)	2.8	1.98	70.7	
	婴儿死亡率(‰)	5	4.79	104.4	
	平均预期寿命(岁)	80	78.17	97.5	
	人均能源消费量(千克石油当量)	4999	2556	51.1	
经济质量	人均GDP(美元)	38811	6083	15.7	32.9
	人均购买力(美元)	37322	10271	27.5	
	物质产业增加值比重(%)	26	53.42	48.7	
	物质产业劳动力比重(%)	26	65.65	39.6	
第二次现代化发展指数					59.1

2010年,台州的物质产业增加值占GDP的比例为53.4%,物质劳动力占总劳动力的比例为65.7%,两者的比重均高于基准值50%,根据第二次现代化发展阶段信号指标的划分标准,结合台州第二次现代化的发展指数,综合判断出台州还没有进入第二次现代化的准备阶段,尚未正式步入第二次现代化的发展轨道。

2. 台州第二次现代化发展结构不平衡

在第二次现代化评价指标体系的四大领域中,以2010年世界高收入国家平均值为100进行对照,2000年台州的知识创新指数为50.2,知识传播指数为74.7,生活质量指数为78.6,经济质量指数为32.9,各领域发展较不平衡,生活质量领域和知识传播领域发展较好,经济质量领域发展最弱。与浙江省平均水平相比,知识创新指数、生活质量指数、经济质量指数均低于浙江省平均水平,分别比浙江省平均水平低19.7、6.5和2.1个点;知识传播指数比浙江省平均水平高0.1点。同全国平均水平相比,台州四大领域的发展指数均高于全国平均水平，知识创新、知识传播、生活质量和经济质量的发展指数分别是全国平均水平的 103.5%、125.8%、134.1%和 113.4%。与世界平均水平相比，知识创新指数、知识传播指数和生活质量指数均高于世界平均水平，分别是世界平均水平的 106.1%、126.6%和 155.9%；但经济质量指数却比世界平均水平低 13.6 点，是世界平均水平的 70.8%。

表 8　台州第二次现代化水平横向比较表

	台州	浙江	中国	世界平均水平
知识创新指数	50.2	69.9	48.5	47.3
知识传播指数	74.7	74.6	59.4	59
生活质量指数	78.6	85.1	58.6	50.4
经济质量指数	32.9	35	29	46.5
第二次现代化发展指数	59.1	66	49	51

四、台州已达到世界中等发达国家现代化水平

联合国开发计划署根据人类发展指数（包括人均寿命、教育程度和人均收入等三个指标）将国家分成三组：高等人类发展水平、中等人类发展水平和低等人类发展水平国家；世界银行根据人均国民收入将国家分成三组：高收入、中等收入和低收入国家。这两种分组方法都比较片面，对当今世界的主要社会特征（知识经济特征）均未包括，与所述的"现代化"内涵有相当的距离。如一些石油输出国家收入都很高，但其社会发展水平和现代化程度都不高，并没有被纳入世界发达国家的行列。因而如用"中收入"（或"中等人类发展水平"）国家水平去评估我们的现代化程度，其实是一种降低现代化标准的做法，很有可能将我国及区域的现代化引入到比较庸俗的境地。

相对而言，用"第二次现代化指数"来划分更能真实地反映（或

接近)国家的发展水平。第二次现代化指数反映了一个国家知识创新、知识传播、生活质量和经济质量等四大方面16个具体指标的发展水平,所以这种分组方法是一种比较综合的划分。第二次现代化代表了世界发展方向和发展前沿,根据第二次现代化指数进行分组,能够较好地反映国家的发展水平。

中科院中国现代化研究中心根据第二次现代化发展水平将国家分成四组:发达国家、中等发达国家、初等发达国家和欠发达国家,分别对应高现代化水平、中等现代化水平、初等现代化水平和低现代化水平。其中2010年发达国家的第二次现代化指数大于80点(以2010年高收入国家平均值为基准值100点);中等发达国家的第二次现代化指数高于世界平均水平(51点)、低于发达国家下线(80点);初等发达国家的第二次现代化指数高于欠发达国家上线(30点)、低于世界平均水平(51点);欠发达国家的第二次现代化指数小于30点。

2010年,台州第二次现代化指数为59.1,高于世界平均水平(51点)、低于发达国家下线(80点),根据“第二次现代化指数”分组,台州已达到中等发达国家的水平。

课题负责人　颜邦友
课题组成员　黄贤政　乔　洁
课题执笔人　乔　洁